品质课程
实验研究
丛书

丛书主编
杨四耕

学校课程文化的实践脉络

百步梯课程的逻辑与架构

温丽珍　主编

华东师范大学出版社

图书在版编目(CIP)数据

学校课程文化的实践脉络：百步梯课程的逻辑与架构/温丽珍主编. —上海：华东师范大学出版社，2019
（品质课程实验研究丛书）
ISBN 978 - 7 - 5675 - 9140 - 0

Ⅰ.①学…　Ⅱ.①温…　Ⅲ.①课程建设　Ⅳ.①G423

中国版本图书馆 CIP 数据核字(2019)第 215198 号

品质课程实验研究丛书

学校课程文化的实践脉络：百步梯课程的逻辑与架构

丛书主编　杨四耕
主　　编　温丽珍
责任编辑　刘　佳
项目编辑　林青荻
特约审读　朱美玲
责任校对　胡　静
装帧设计　卢晓红

出版发行　华东师范大学出版社
社　　址　上海市中山北路 3663 号　邮编 200062
网　　址　www.ecnupress.com.cn
电　　话　021 - 60821666　行政传真 021 - 62572105
客服电话　021 - 62865537　门市(邮购) 电话 021 - 62869887
地　　址　上海市中山北路 3663 号华东师范大学校内先锋路口
网　　店　http://hdsdcbs.tmall.com

印 刷 者　苏州工业园区美柯乐制版印务有限责任公司
开　　本　787×1092　16 开
印　　张　16.25
字　　数　241 千字
版　　次　2019 年 11 月第 1 版
印　　次　2020 年 9 月第 2 次
书　　号　ISBN 978 - 7 - 5675 - 9140 - 0
定　　价　48.00 元

出版人　王　焰

编委会

主　编

温丽珍

成　员

程雄芳　梁翀华　陈纯娜　田浩辉

黄宇洋　王樱璇　郭泽婉　周　阳

丛书总序

实践，课程最美的语言

西方课程研究已有百余年历史，对课程实践影响比较大的当属课程开发模式研究。西方课程开发模式主要有以下几种：一是目标模式，它以明确的目标为中心开展课程研制，其代表人物有博比特、泰勒和布卢姆；二是过程模式，它旨在通过详细说明内容和选择内容，遵循程序原理来进行课程研制，代表人物是斯滕豪斯；三是情境模式，它强调社会文化情境的分析，反对脱离社会现实及学校具体情境的课程方案研制，劳顿和斯基尔贝克是其主要代表人物；四是实践模式，以施瓦布为代表，他认为，通过课程审议洞察具体的实践情境，提出可供选择的方案是课程开发的重要任务。

自20世纪90年代以来，课程研究者逐渐不再局限于依据某种单一的课程理论来进行课程设计，而是根据培养目标、学习者的特点等对多种课程设计理论进行整合，以实现课程开发目标。如我国课程学者在批判继承东西方课程理论合理内核的基础上提出了"人化—整合"课程研制方法论，指出了该方法论的教育学标准、范式坐标、本质特征及框架设想。（参见郝德永在2000年于教育科学出版社出版的《课程研制方法论》。）

创新是理论研究的生命。被誉为"现代课程理论之父"的泰勒在他的专著《课程与教学的基本原理》中提出，课程研究必须关注"四个基本问题"：学校应该达到哪些目标？提供哪些教育经验才能实现这些目标？怎样才能有效地组织这些教育经验？我们怎样确定这些目标正在得到实现？这四个基本问题构成了课程与教学的基本原理，为课程开发提供了坚实的理论基础和可靠的实践范式。我们提出的"首要课程原理"，是置身中国课程改革实践，吸纳西方课程研究成果，采取整合融贯的思维方式，在充满张力的文化场域中进行综合创造的结果。它创造性地将泰勒的"四个基本问题"发展为学校课程实践的"五个基本原理"：聚焦学习原理、情境慎思原理、文化融入原理、目标导引原理和扎根过程原理。其研究旨趣不是宏大庄严的理论,而在于回应课程变革的现实需求,更好地提升学校课程品质。

1. 聚焦学习原理:儿童成长是课程的焦点

杜威说:"儿童和课程仅仅是构成一个单一的过程的两极。"他以全新的视角揭示了一个观点,即课程内容的逻辑顺序与儿童生长的心理顺序在本质上是一致的,它们都是儿童主动活动的结果。为此,他提出要研究儿童不同发展阶段的需要与可能性,给儿童提供有助于其"生长"的课程。他说:"儿童的世界是一个具有他们个人兴趣的人的世界,而不是一个事实和规律的世界。儿童世界的主要特征,不是什么与外界事物相符合这个意义上的真理,而是感情和同情。"(杜威语)儿童需求是课程的核心,孩子们需要什么、喜欢什么,就给他配什么样的课程。杜威说:"兴趣的价值在于它们所提供的那种力量,而不是它们所表现的那种成就。"这充分体现了儿童的"兴趣"和"感情",融通了"科学世界"与"生活世界"的诉求,它让每一个孩子乐在其中,有所感、有所思、有所悟、有所得。聚焦学习,回归生长,让儿童处于课程中央,这是学校课程深度变革的追求。

2. 情境慎思原理:清晰学校课程变革的起点

课程生成于特定的时代背景与文化架构之中,是文化选择的结果,我们不能脱离社会现实及学校具体情境在"真空"中开发课程。只有在"情境慎思"的基础上,我们才能准确把握学校课程变革的宏观背景,深刻理解课程变革的文化架构,进而准确地揭示课程的本质,制定出立足在地文化资源、基于学校发展实际的课程方案。英国课程学者劳顿指出:课程开发必须关注宏观文化背景,研制课程要先进行"文化分析"。除了关注宏观文化背景,还要对学校微观情境进行分析,将关注的焦点放在具体学校和教师身上。这是英国课程学者斯基尔贝克课程开发"情境模式"之核心观点。

3. 文化融入原理:让思想的光辉映照学校课程

在不少人的眼里,课程就是分门别类的"学习材料"。当我们走出这种视野,把课程理解为每一个人活生生体验到的存在的时候,课程就具有了全新的含义,它不再只是一堆材料,而是一种"复杂的会话",一种可以进行多元解读的"文本"。通过"解读"我们可以获得多元话语,通过"会话"我们可以得到关于课程的独特理解。派纳说:"课程是一个高度符号性的概念,它是一代人努力界定自我与世界的场所。"它允许人们从不同的视域来理解课程,通过个性化的"复杂会话",课程那被久久遗忘的意义得以澄明："学校课程的宗旨在于促使我们关切自己与他人,帮助我们在公共领域成为致力于建设民主社会的公民,在私人领域成为对他人负责的个体,运用智力、敏感和勇气思考与行动。"在这里,"课程不再是一个事物,也不仅是一个过程。它成为一个动词,一种行动,一种社会实践,一种私人的意义,一种公共的希望。"

4. 目标导引原理:让学校课程变革富有理性精神

如前所述,泰勒提出了课程开发的基本问题即著名的"泰勒原理"。由此,他建立了课程研制活动的四个基本环节:确定基本目标,选择学习经验,组织学习经验,评价学习结果。我们认为,学校课程变革不是漫无目的的"撒野",而是基于目标的牵引,匹配课程、实施课程、评价结果的过程,是让理性精神照耀学校课程变革的过程。

5. 扎根过程原理:激活学校课程变革图景

英国课程学者斯滕豪斯在 1975 年出版的《课程研究与研制导论》中,首倡课程开发的过程模式。过程模式重视基于"教育宗旨"的课程活动过程,强调通过对知识形式和活动价值的分析来确定内容,主张通过加强教师的发展来激活学校课程,要求教师在课程开发过程中,通过反思澄清隐含在课程实践过程中的价值要素,提升课程实践过程的价值理解力和判断力。美国课程学者施瓦布认为:课程是一个相互作用的"生态系统",它是建立在对课程意义的"一致性解释"基础上,通过这个"生态系统"要素间的相互理解、相互作用,实现学生学习需求的满足和德性的生长。因此,课程变革必须激活包括教师和学生在内的课程实践过程,回归课程的实践旨趣。

我们认为,"首要课程原理"是对课程现象、课程关系及其矛盾运动的理性认识,是建立在客观的课程事实、课程现象基础上的,通过归纳、演绎等科学方法,由概念、判断和推理构成的观念体系。它不是零碎的观点,有着自己独特的形式结构,是由不同要素构成的复杂理念系统。"首要课程原理"也是动态生成的观念系统,不是金科玉律式的教条,不是封闭的符号化知识体系,而是有待改进与完善的学校课程变革建议。"首要课程原理"具有实践浸润性,不是理论循环自证的形上之思,它是为了课程实践,通过课程实践,在课程实践中,浸润在实践与实验中不断生长的课程理论。

实践,课程最美的语言。经过十多年的实验与研究,我们深深感受到,学校课程实践的复杂性需要整合性的课程理论架构作指导。"首要课程原理"是在潜心梳理现有课程理论成果过程中,发现其固执一端的弊端而获得方法论启迪的,它是以综合创造思维对各流派课程理论进行概括、提炼与建构的结果。它是课程研制要素在时间和空间上相对稳定的联系方式的理性表达,既是从过去状况到现实经验的情境分析,也是对课程理想状态的整体设计。可以说,"首要课程原理"是课程理论的精华与课程实践的智慧,具有观点深刻性、架构系统性及实践指向性等特点。

"品质课程实验研究丛书"是我们运用"首要课程原理"开展课程行动研究,促进一批学校推进课程深度变革的成果。我们期望通过试验与实证、归纳与演绎,逐步完善"首要课程原理"系列命题,建立理论性与实践性并存、可重复、可操作的课程知识体系,真正提升学校课程实践品质。

课程是理论的实践表达,理论是实践的理性观念,让课程理论与实践良性互促是课程研究的神圣使命。富有原创性的课程理论,不仅启发无尽的思考,也启示实践的路向,激发课程变革的热情。一种好的理论,应当顶天立地,上通逻辑,下连实践,体现思辨的旨趣,充满生命活力。

杨四耕

2019 年 5 月 1 日于上海市教育科学研究院

目录

第一章　百步传文，沐浴在人世的美好里 / 23

以人文之心洞察社会，品历史之厚重、文化之精深、人物之坚毅；以百态之社会反观人文，悟思想之深邃、艺术之自然、意蕴之传承。人文情感是人类的一种高级情感，好比人的灵魂，有之则鲜活，无之则死寂。它非生而有之，却可以后天学习而获得。人文与社会相依共生，人文发展不能脱离社会而存在，同样，社会的发展也不能忽视人文因素。"辉光日新，至善至美"的少年必得人文润之、濒之、导之。

翩少年?

第二章　百步欣言,雀跃在成长记忆中的符号 / 57

语言有极大的魅力,可以使人无限遐想。它是工具,人们利用它来互相交际,交流思想,达到互相了解的目的。语言是思维的寓所,思维是语言的灵魂,一个拥有良好思维的人必定是谈吐不凡的。因此,语言课程是人文性和工具性的统一,"百步欣言",即是快乐地学习语言、快乐地使用语言之意。

与孩子共同沐浴在诗意的课堂中,如何引导孩子跟随先贤,伴同经典,回眸灿烂辉煌的中华文明并载歌载舞,共同沉淀与升华?

孩子能在字里行间的精微中驻足吗? 会跟随行云流水的文思漫步诗书吗? 会惊叹于构思精巧的故事情节而流连忘返吗?

观察,发问,记录,思考,发言。如何引导孩子打开心灵的慧眼,撬动思维的杠杆,执小镜头观大世界,握三寸笔书人间情,抒韶华志发英才声?

孩子如何能在"读书节日"的氛围中,尽情享受读书的快乐,在读书活动中沐浴文化的恩泽,更新知识,开拓视野?

语言因韵律充满魅力,如何带领孩子感受英语的韵律美?

自信之人,言语铿锵,神态从容,应变灵活。如何在英语学习过程中构建舞台,让孩子绽放光芒?

你一言,我一语,架起一座沟通桥梁。如何引领孩子在口语交流中搭建一座横跨中外文化的桥梁呢?

沉浸多彩故事,感受英文之美,体验故事趣味,顿悟生活哲理。如何在畅读英语绘本的过程中,为孩子插上隐形的翅膀?

第三章　百步达美,走在芳香四溢的小路里 / 97

美,往往追求一种生命的律动,在形式里寄托着自己的情感。一幅书法作品,其"字"能成为反映生命的艺术;一幅画,运用合理的空间布局,传达出抚爱万物的理念;一个陶器,通过形态与纹理的处理,会暗含不同的心理感受。艺术的世界里,孩子们在此间学习与浸润,身心便会得到进一步成长。

第四章　百步致知，洞悉世界的奇幻奥秘 / 133

当沉寂的夜晚开始处处霓虹，当飞驰的列车驶过荒芜的山岭，当互联网的触角伸向每个角落……探索，致知，犹如海面上冉冉升起的红日，犹如冬末时吹醒万物的春风。一双双澄澈的眼睛，得以窥见自然的真谛；一次次真切的触摸，编织生命的独特理解；一个个生命，成为一位位好奇的观星者，在难以计数的星辰中漫步，在漫无边际的宇宙中领悟；从纷繁复杂中感受生命的奇幻，从光怪陆离中洞悉世界的奥秘。

何让孩子用魅力的言语、艺术的肢体来演绎科学的真理?

第五章   百步启智,开拓思维世界的大门 / 171

数学是一门充满科学与智慧,颇具人文底蕴的学科。在数字、符号、公式里,除了科学的理性、亘古不变的真理外,还有美的元素、炽热的情感、跳跃的思维……我们能真切品味到数学的诗意,感知数学内涵的丰富性。数学课程要冲破知识和技能的束缚,走向生命之智慧,让每个儿童都能充分张扬个性,自主学习,充分发展,享受学习的快乐,感受智慧的力量,让数学充满智慧的挑战。

第六章 百步健体,释放旭日的红光 / 201

新小的校徽,是一轮橙红的旭日。旭日的图腾,不仅织就了新小校本课程的文化背景,更寄寓新小学子如初升的太阳,明媚闪耀。百步健体课程,是旭日中的红光,热烈奔放。它引领孩子们在足球场挥洒汗水,在田径场释放活力,在体育馆点燃激情。它是百步梯课程独立的分支,也是整体的联动。孩子就像一株幼苗,百步健体课程,以和熙温暖抚之,以猛烈灿烂灼之,以和风细雨润之,以狂风暴雨灌之。孩子们在这旭日的照耀和风雨的洗礼中,如明日之子,熠熠生光。

体验"酸甜苦辣"？

总 论

基于文化重构的学校课程建设

这里,是被旭日的光辉最早照射到的一片校园;这里,有由百步攀登开启求学之旅的张张笑脸;这里,是广州市黄埔区新港小学。

清晨那第一抹阳光,静谧而醇香,柔润而饱满,勾勒着鸟语花香的诗情画意。新港小学的孩子,每日迎着朝阳,由百步梯拾级而上,这便是一种洗礼,一种诗意;每一次进阶,都是一种跃升,一种开拓。旭日之光是学校的天然背景,也编织了一幅文化的大背景。由"旭日"之精神挖掘学校文化,由学校文化引领课程建设,自1978年创办以来,学校先后被评为全国足球特色学校、全国体育联盟实验学校、全国红领巾集邮文化体验行动示范学校、广东省足球推广学校、广州市德育示范学校、广州市优秀家长学校、广州市足球推广学校、升国旗规范化学校等。2016年7月1日,新港小学被广州市教育局指定接待了来自8个省的教育厅厅长,他们观摩了学校的特色课程和文化建设,学校得到了领导们的充分肯定。

一　课程哲学:让孩子们经历一百个世界

在旭日之光的文化背景下,"新小"有着自身独特的学校课程哲学。由"旭日"之精神挖掘学校文化,由学校文化引领课程建设。基于对学校课程情境的分析,学校站在一个新的视角重新审视学校的教育哲学和课程理念。

(一)学校教育哲学

学校确立了基于"旭日"文化的教育哲学:"日新教育"。

1. "日新教育"文化溯源

《周易》曰:"刚健笃实,辉光日新。"汉代刘向在《说苑·建本》中说:"少而好学,如日出之阳。"意指少年如同每日初升的太阳那么有活力,"日新"即追求每日的进步,在不断进步中更新自我、充实自我。

从"旭日"精神凝练出的旭日文化有着深厚的人文根基。许多文化现象都与旭日有关,古今中外留有许多赞美旭日、以旭日言志的文学作品。"旭日"是一种自然的存在,更是一种精神的化身。

旭日的力量感染人心,新港小学将之转化为一种优质的教育资源,以实现教育的目标。日新,这是一种追求进步的哲学思想。从旭日精神中凝练出的四个关键词——诚信、广博、活力、灵动,赋予了教育更多的内容,同时也为"百步梯课程"做了最好的指引。

因此,"日新教育",即追求每日之进步的教育,它是素质教育的校本化实践与个性化创造,是统领新港小学课程与课堂的灵魂。我们希望在新港小学,师生在旭日的伴随下,登上百步梯,一步一步,向上攀登,迎接新的一天。

2. "日新教育"具体解读

在旭日文化的辉映下,追求每日之进步,即实现"日新",其本质是:追求进步、追求更好。对教育来说,"日新"即追求学生品格的形成、学识的提升、体格的强健、才艺的丰富,进而达到至善至美教育境界。以教育成就每个孩子的未来,让他们站得更高,走得更远。

其一,创设渐进发展的教育环境,传承、发扬"苟日新,日日新,又日新"的精神。通过提升校园管理、促进教学水平提高、科学合理设置课程等方式,学校、教师、家长各施其力,让学生在进步之路上不断向目标前行。

其二,在教育过程中以目标为导向,从德、智、体、美等方面塑造心灵、视野、行为全面发展的适应未来社会需要的人才。

正是基于上述考虑,我校提出"旭日东升,逐日行远"的办学理念,我们期望以旭日之精神鼓舞孩子们去追求至臻完善的目标。

我们坚信,

教育即心灵的解放与敞亮;

我们坚信,

每一个孩子都是初升的太阳;

我们坚信,

教育就是鼓舞孩子们日臻完善;

我们坚信,

让孩子们经历一百个世界的地方叫学校;

我们坚信,

让每一个孩子不断超越自我是教育的神圣使命。

(二) 学校课程理念

基于上述教育哲学,"让孩子们经历一百个世界"的课程理念应运而生。这意味着:

课程即浓缩的世界图景。富有统整感的课程是多维联结与互动的。无论是学科课程的特色化拓展,还是主题课程的多学科聚焦,我们都提倡回到完整的世界图景上来。一块石头刻印的是地球演变的痕迹,一片百草园隐含的是生命的生生不息,一代伟人林肯是一部废除黑奴制的史诗,一根接力棒承载的是奥林匹克的五环精神,一张剪纸剪出的是中华传统文化的博大精深,一本《战争与和平》是战争前后俄罗斯波澜壮阔的社会生活画卷……学校课程将努力展现关联性与整合性,让孩子们领略"世界图景"的完整结构。

课程即学习经历的丰富。课堂本质上是经历的沉淀与有效整合。学校致力构建的开放课堂,将在整合各方资源的基础上,以灵动的方式创设多彩的学习经历:让孩子们在不凡事迹中感知伟人的气息,在茵茵球场上驰骋拼搏的汗水,在七嘴八舌的争鸣里体味思想的盛宴,在锅碗瓢盆中撒播家的味道,在数学王国与古代建筑中感受思考的力量,在梦想舞台上绽放灿烂的童真……生活的丰盈由此将有限的生命拉长、拓宽、积厚。

课程即生命的独特体验。如果想让孩子将来成为一名优秀的飞行员,别急着教他飞行技巧,先让他爱上天空。课程不仅仅是课程,更是一种生命的独特体验。学校课程将会把世界毫无保留地展现在孩子面前,吸引孩子们去感受,去触摸,去品尝,去经历,去体验。从一株小草的发芽、一只小昆虫的成长,到森林、河流的探险,奥妙的发现之旅架起的是儿童与大自然之间的快乐桥梁,埋下的是快乐与好奇的种子,萌发的是团队意识、责任感、语言表达能力、观察能力、探索能力……生命的独特体验,悄然拨动着孩子们的心弦。

课程即不断超越的旅程。在自由自在而又奋发进取的氛围中,孩子方能充分张扬个性,展现生命的活力。因而学校课程的设置致力于让孩子在超越的旅程中收获满满:以孩子为中心,根据其身心发展特征,循序渐进地设置多层次、多方位、多角度的内容,一步一台阶的过程即不断追求自我成长的过程。课程学习中不断超越的体验,让孩子们的视野得以加宽、生命认识得以深化和情感体验得以不断升华。

校门口的百步梯是新港小学悠久深远的历史见证,是新小师生勇攀高峰的精神象征,是"日新教育"的一种物象凝聚。在"让孩子经历一百个世界"课程理念引领下,我们提出并建构"百步梯课程",它既根植于"旭日文化",也是日新教育的体现与落实。

二 课程目标:成就立体化的、丰满的生命体

"旭日"的文化象征"旭日之心、旭日之眼、旭日之行、旭日之美"及"诚信、广博、活力、灵动"的内涵,体现了教育的内在诉求:品德、学识、体格、才艺。

(一)育人目标

基于"日新教育"的教育哲学,学校的课程建设从多个维度考量,让课程成就一个立体化的、丰满的生命体,最终培育每日有所进步的新时代少年。"日新教具"的具体内涵如下:

"旭日之心"——诚于信

"旭日之眼"——博于学

"旭日之行"——健于体

"旭日之美"——灵于艺

(二) 课程目标

作为学校课程建设的重要基点,学校将育人目标细化为以下课程目标(见表1),课程目标综合考虑了学生身心发展规律等多方面因素,从低、中、高三个年段体现进阶式的上升与深化,使"百步梯课程"更具可行性。

表1 广州市黄埔区新港小学"百步梯"课程目标表

目标 \ 年段	低年段	中年段	高年段
旭日之心——诚于信	1. 爱亲敬长、爱集体、爱家乡、爱祖国。 2. 初步养成良好的生活、劳动习惯。 3. 养成基本的文明行为,遵守纪律。 4. 乐于参与有意义的活动。 5. 保护环境,爱惜资源。	1. 养成自尊自律、乐观向上、勤劳朴素的态度。 2. 爱亲敬长,养成文明礼貌、诚实守信、友爱宽容、热爱集体、团结合作、有责任心的品质。 3. 养成安全、健康、环保的良好生活和行为习惯。 4. 初步认识自我,掌握一些调整自己情绪和行为的方法。	1. 初步形成规则意识和民主、法制观念,崇尚公平与公正。 2. 热爱家乡,珍视祖国的历史与文化,具有中华民族的归属感和自豪感,尊重不同国家和民族的文化差异,初步形成开放的国际视野。 3. 具有关爱自然的情感,逐步形成保护生态环境的意识。
旭日之眼——博于学	1. 热爱学习,基本养成良好的学习习惯。 2. 养成在学校、家庭、社会生活中动脑筋、想问题的习惯,遇到有兴趣但不太懂的事情喜欢问教师、问家长,会动手查资料、找答案。 3. 在各种活动中学会倾听与交流,表达自己的想法,声音响亮,意思清楚。	1. 热爱学习,形成浓厚的学习兴趣,能注重联系实际。 2. 能提出复杂的、有一定深度的问题,对所提出的问题进行比较和评价,并尝试探究问题。 3. 活动中积极主动,在交谈中能认真倾听,并能就不理解的地方向人请教,就不同的意见与人商讨;有表达的自信心,对感兴趣的话题发表自己的意见。	1. 热爱学习,保持浓厚的学习兴趣,能运用所学知识。 2. 学会独立、多角度思考问题,积极主动寻找问题的解决方法。学会客观看待各种问题,理性处理生活中发生的问题。 3. 与人交流能尊重、理解对方,能抓住要点,并能简要转述;乐于参与讨论,敢于表达自己的意见;表达要有条理,语气、语调适当;能根据交流对象和场合,稍做准备,做简单发言。

目标\年段	低年段	中年段	高年段
旭日之行——健于体	1. 了解体育锻炼的好处,知道一些保持身体健康的常识和方法。 2. 学习基本的身体活动方法和体育游戏。 3. 会做体操,保持身体协调性,掌握足球、网球运动的基本技能。 4. 体验体育活动的乐趣,具有团结协作的团队意识。	1. 主动参与体育锻炼,增强体育锻炼的意识。 2. 学习不同的身体活动方法和团体训练游戏,初步学习田径运动项目。 3. 进一步掌握足球运动技能,初步学习高尔夫球的动作和原理。 4. 体验体育项目的紧张感和愉悦感,形成活泼开朗、积极向上的进取精神。	1. 主动关注自身身体健康,能够通过体育锻炼调整情绪和状态。 2. 敢于挑战自己,积极参与运动和竞赛。 3. 掌握足球比赛的战术和技能,深入学习高尔夫球的运动技能。 4. 体验体育竞赛的竞争感和成就感,形成勇敢顽强、不骄不躁、自觉遵守规则的优秀品质。
旭日之美——灵于艺	1. 观察大自然,欣赏不同形式的艺术作品,体验艺术带来的美感,激发对美好事物的兴趣,学会发现美。 2. 积极参与各类艺术活动,培养艺术爱好,感受艺术带来的乐趣。	1. 观察大自然,欣赏不同形式的艺术作品,获得身心愉悦和持久兴趣。 2. 欣赏名家作品,感悟经典,对美有一定的认识,有一定欣赏美的能力。	1. 结合各种艺术活动,尝试不同方法,记录与表现自己的所见所闻,所感所想,进行创作与表演展示,体会艺术与生活的关系,发展艺术构思和创作的能力,学会表现美。 2. 培养追求美好生活的生活态度,建立健康、乐观的价值观。

三 课程体系:雀跃在儿童成长记忆中的符号

为了培育拥有"旭日之心、旭日之眼、旭日之行、旭日之美"的新时代少年,我们基于"让孩子们经历一百个世界"之理念,"放眼最美校园,联通宽广世界",架构学校整体课程。

(一)学校课程结构

在"让孩子们经历一百个世界"课程理念的引领下,在纵向上,"百步梯课程"

呈现出阶梯上升的模式,以学生身心发展规律为出发点,分为不同的层级,呈现进阶式的上升,逻辑严密的课程肌理,体现"逻辑结构"与"心理结构"的有机统一。

在横向上,"百步梯课程"以多元智能理论为依据,将各类课程重新进行有机整合,融合六种智能,聚焦核心素养,分为"百步欣言"课程、"百步传文"课程、"百步启智"课程、"百步致知"课程、"百步达美"课程、"百步健体"课程六大类,分别指向语言与表达、人文与社会、思维与逻辑、科学与探索、艺术与审美、运动与健康智能,让孩子在百步攀登中经历一百个世界。而不同的课程根据课程的内容、实施方式等不同的内在逻辑,有着各样的结构与布局。一百个世界的多彩经历,成为雀跃在孩子成长记忆中的符号,让孩子走在芳香四溢的小路里,感受人文精神的厚重与深邃,探索世界的奇幻奥秘,踏响生命的强音,释放旭日的红光……

(二) 学校课程图谱(见表2)

孩子们在整个小学六年,走过沧浪亭,穿过桃李园,跨过状元桥,游过百草园……亭台楼阁轩榭廊舫,学校文化植根于校园的每一寸土地,美丽校园成为丰富学习经历的场所,成为走向宽广世界的起点。春风又吹过,孩子们的回忆里是童年的甘甜。

表 2　黄埔区新港小学"百步梯课程"图谱

类别\阶次	百步传文（人文与社会）	百步欣言（语言与表达）	百步致知（科学与探索）	百步启智（思维与逻辑）	百步健体（运动与健康）	百步达美（艺术与审美）
新小一阶	走近中国近代伟人	对话智者，与经典同行	走近昆虫学家	玩转·七巧板	旋风小子	翰墨学堂
	舌尖上的广府菜	精·品·悦·读——越读欢心意	我是种菜小专家	口算小达人	网球小王子	走近画家
	打开中国传统节日的大门	小小朗读者	趣味科技节	脑筋急转弯	拉丁（恰恰）	小春笋芭蕾
	绿色低碳伴我行	读书节，享乐于书	天马行空	植树园林局	趣味体育文化节	走进童话剧
	知书达"礼"	我型我show	巧手航模	奇幻五子棋	足球文化节之始于足下	我的舞台
	童趣外语节	小小英语口语之星	美妙的校园生命	乐高世界	小武神跆拳道	合唱之趣
		Foreign teacher日常口语				妙笔生花
类别\阶次	百步传文（人文与社会）	百步欣言（语言与表达）	百步致知（科学与探索）	百步启智（思维与逻辑）	百步健体（运动与健康）	百步达美（艺术与审美）
新小二阶	走近中国近代伟人	对话智者，与经典同行	走近昆虫学家	玩转·七巧板	旋风小子	翰墨飞扬
	舌尖上的广府菜	精·品·悦·读——越读欢心意	开心农场	心算小能人	网球小王子	走近音乐家
	打开中国传统节日的大门	小小朗读者	趣味科技节	植树园林局	拉丁（恰恰）	小春笋芭蕾
	绿色低碳伴我行	读书节，享乐于书	天马行空	弈趣围棋社	趣味体育文化节	走进童话剧
	知书达"礼"	我型我show	台湾力瀚科学	绘声绘色	足球文化节之始于足下	我的舞台
	童趣外语节	小小英语口语之星	智慧航模	乐高世界	"小佐罗"击剑	合唱之趣
		Foreign teacher日常口语	蝌蚪变形计		小武神跆拳道	妙笔生花

基于文化重构的学校课程建设

类别 / 阶次	百步传文（人文与社会）	百步欣言（语言与表达）	百步致知（科学与探索）	百步启智（思维与逻辑）	百步健体（运动与健康）	百步达美（艺术与审美）
新小三阶	走近中国当代伟人	对话智者，与经典同行	走近鸟类学家	玩转·纸牌	足球小将	翰墨飘香
	历史中的广府菜	精·品·悦·读——越读立宏志	我是种菜小能手	乘法小达人	网球小王子	走近民艺大师
	畅游传统佳节	小记者团	生命科技节	运输CEO	拉丁（伦巴）	芭蕾舞剧欣赏
	绿色低碳伴我行	读书节，书香远飘	我们的区别与联系	分数挑战赛	力韵体育文化节	闪耀唱将
	快乐外语节	"I can read beautifully"	科幻未来	畅所欲言	足球文化节之神气十足	合唱悠悠
	国际游学之旅	Foreign teacher 绘本阅读	智能无线电	象棋争霸赛	"小佐罗"击剑	巧手剪纸
				魔方小站	小武神跆拳道	竹韵画社

类别 / 阶次	百步传文（人文与社会）	百步欣言（语言与表达）	百步致知（科学与探索）	百步启智（思维与逻辑）	百步健体（运动与健康）	百步达美（艺术与审美）
新小四阶	走近中国当代伟人	对话智者，与经典同行	走近鸟类学家	玩转·纸牌	足球小将	翰墨风骨
	历史中的广府菜	精·品·悦·读——越读立宏志	我是种菜小能手	我是计算超人	草原上的golf绅士	走近舞蹈家
	畅游传统佳节	新闻发布会	生命科技节	运输CEO	拉丁（伦巴）	歌剧欣赏
	绿色低碳伴我行	读书节，书香远飘	科幻未来	小数挑战赛	力韵体育文化节	闪耀唱将
	快乐外语节	"I can read beautifully"	走进大自然	急中生智	足球文化节之神气十足	悠悠合唱
	国际游学之旅	Foreign teacher 诗歌朗诵	台湾力瀚科学	象棋争霸赛	"小佐罗"击剑	快乐剪纸
			智能无线电	魔方小站	小武神跆拳道	竹韵画社
			毛毛虫到蝴蝶公主的蜕变史		扬帆起航	鼓号铿锵

类别 阶次	百步传文 （人文与社会）	百步欣言 （语言与表达）	百步致知 （科学与探索）	百步启智 （思维与逻辑）	百步健体 （运动与健康）	百步达美 （艺术与审美）
新小五阶	走近世界近代伟人	对话智者，与经典同行	走近植物学家	玩转·数独	足球王者	翰墨风韵
	烹调里的广府菜	精·品·悦·读——越读润情智	我是小花农	简便计算能手	高原上的golf绅士	走近古典三杰
	佳节拍案惊奇	小主持人	科学show出彩	推理侦探社	拉丁（斗牛）	粤剧欣赏
	我是小小升旗手	读书节，畅游书海	科幻梦工厂	制图设计师	魅力体育文化节	新小好声音
	绿色低碳伴我行	畅读英语绘本	机器人与编程	能言善辩	足球文化节之捷足先登	合唱之美
	魅力外语节	"I can act funny"	神奇的种子	博弈少年	"小佐罗"击剑	灵魂画手
	国际游学之旅	Foreign teacher短篇阅读			小武神跆拳道	彩陶轩
	走进水乡				扬帆起航	妙手剪纸
						鼓号铿锵

类别 阶次	百步传文 （人文与社会）	百步欣言 （语言与表达）	百步致知 （科学与探索）	百步启智 （思维与逻辑）	百步健体 （运动与健康）	百步达美 （艺术与审美）
新小六阶	走近世界当代伟人	对话智者，与经典同行	走近植物学家	玩转·数独	足球王者	翰墨流长
	烹调里的广府菜	精·品·悦·读——越读润情智	我是小花农	简便计算专家	高原上的golf绅士	走近古典三杰
	佳节拍案惊奇	小演说家	科学show出彩	车轮一定是圆的吗	拉丁（斗牛）	粤剧欣赏
	我是小小升旗手	读书节，畅游书海	科幻梦工厂	推理侦探社	魅力体育文化节	新小好声音
	走进博物馆	畅读英语绘本	机器人与编程	方程大战	足球文化节之捷足先登	合唱之美
	绿色低碳伴我行	英语趣配音	探索西红柿生命历程	百家争鸣	"小佐罗"击剑	灵魂画手
	魅力外语节	Foreign teacher日常写作	酸奶形成记	博弈少年	小武神跆拳道	彩陶轩
	国际游学之旅					随心剪纸

四　课程实施：为孩子们打开一扇通往世界的窗

"百步梯课程"建立在开放的课程视野之下，其实施致力于寻找课程开发与儿童需求的契合点，跨越时空与领域的界限，为孩子们打开一扇通往世界的窗，创设一个生活化的舞台，培养孩子多维立体的核心素养。

（一）以"日新课堂"校本化实施基础类课程

儿童的课程需求是"百步梯课程"建设与实施的出发点及落脚点。"日新课堂"是以儿童为中心，在分析、研究本校课程情境的基础上，对基础类课程的校本化实施。

教学目标、教学内容、教学过程、教学方法、教学评价，以及隐形的教学文化六个维度的细化，殷实中呈现出别样的张力——思维的张力、情感的张力、文化的张力，让课堂学习真正影响学生的生命历程。

1. 教学目标：丰满

我们把课堂生活视为学生生命历程的重要组成部分，因而"日新课堂"教学目标的建构呈现出丰满的特征。

"百步梯课程"开设的"剪纸课"，剪的是中国美，传承的是中华情。"舌尖上的粤菜"烹的是平常菜，饪的是亲情味。"足球课"传递的是力量，释放的是永不放弃的信念。

一方面，丰满的教学目标为教学内容的多向生成提供定位参考。环环相扣的课堂，积极寻找课程开发与儿童需求的契合点，殷实中呈现出别样的张力——思维的张力、情感的张力、文化的张力，让课堂学习真正影响学生的生命历程。

另一方面，各年段相互联系，螺旋上升，从多个维度考量，让课程成为一个立体化的丰满的生命体，最终培养"诚于信、博于学、健于体、灵于艺"的日新少年。

2. 教学内容：生成

"日新课堂"是在生成性思维指引下的教学图景，着眼有效教学，实现弹性预设，动态生成。

一方面，关注学生自身的成长，在教学内容上"为学生留白"。另一方面，在课堂生成中教师充分发挥能动性与创造性，使每一次课堂师生思维的碰撞能够被把握，激起火花，点燃思维，唤醒智慧。课堂中既渗透学科知识，又要让学生充分感受到心灵的自由；既尊重科学事实，又要让学生大胆猜测，放飞想象；既有教师的引导，又有学生的自主和创造，真正达成课堂教学的二维目标，实现课堂教学无序和有序的统一。由此，课程成为一个可延伸的触角，链接儿童的生活和想象。

3. 教学过程：自由

自由的教学过程致力于营造一个有利于张扬个性的"场"，让学生的个性在宽松、自然、愉悦的文化氛围中得到释放，在自由自在而又奋发进取的氛围中展现生命的活力。

教学过程的自由有着多种表现方式。在组织形式上，打破以往的"秧田式"桌椅排列方式，根据教学的不同情景，灵活多样地综合运用集体教学、小组教学和个别指导等教学形式。在学习空间上，我们突破教室的阻隔，将课堂搬到百草园，观察动植物的生长；搬到桃李园，绘画芳草萋萋、落英缤纷的校园；搬到三味书屋，深入了解鲁迅的作品和生平。在学习方式上，我们大胆尝试新的学习方式，开展群聊学习、搜索学习、聚焦学习，让学习不再局限于课堂，而是延伸到生活中的人、事、物。

4. 教学方法：灵动

课程是浓缩的世界图景，丰富多彩的图景内容决定了灵动多变的展现方式。生命价值的独特体验，旨在激发学生的主动性和创造性，使学习成为一场奇妙的旅行，抵达孩子的灵魂深处。

在烹饪课程中，我们采用任务驱动法，驱使学生为完成任务而反复选材、烹煮、调味、改进。让学生在学习过程中反复思考、改进、验证，以达到满意的效果。在爱国教育课程中，我们采用参观教学法，带领学生走进博物馆、走进艺术馆、走进教育基地，让学生在参观讲解中受到熏陶和感化……另外，我们积极开发教学资源，利用学校的校园环境和人文环境开展现场教学，为学生营造浓厚的学习氛围。

基于文化重构的学校课程建设

5. 教学评价：引航

着眼于学生个体发展的差异性与不均衡性，"百步梯课程"在评价目标、评价主体以及评价方式等方面，着力构建多彩的评价标准，注重教学的过程性评价，形成课程、教师和儿童多方面的良性互动，让课程真正回归儿童。

以促进学生个性化成长为终极目标，在评价方式上，我们通过行为观察法、情境测验法、学生成长记录等多种方法，对学生的品行、生活技能、科学知识、人文常识等方面进行全面的评价。学校每个学期利用班队会的时间，开展劳动技能比赛，观察和评价学生的劳动技能掌握情况。学生人手一本的《成长记录册》，从每学期的小小心愿、学科学习、行为表现、精彩瞬间、学习评定、操行评定、综合表现等方面，完整地记录学生的个体发展。同时，学校从自评、学生互评、教师评价以及家长评价等多个维度，对学生的行为表现进行全面的梳理，使每一次评价都以学生的发展为依托和归属，使"日新教育"多彩缤纷。

6. 教学文化：超越

基于"旭日东升，逐日行远"的办学理念，"百步梯课程"的教学文化，以"超越"为核心，一步一攀登，让明天的自己，优于今天的自己。在课程的建设过程中，我们致力于设计一套从一年级到六年级，逐步进阶的课程体系；在课程的实施过程中，我们要求师生在学习中研究，在研究中实践，在实践中反思，在反思中超越以往的自己。在课程的评价过程中，以促进学生个性化成长为终极目标，诠释"日新"文化的内涵——日有所进，实现自我超越。

（二）以"1＋X"学科拓展，嵌入式实施拓展类课程

随着"核心素养"的倡导，课程变革越来越要求考虑学生素养发展的完整性。结构合理、层次清晰、彼此连接、相互配合、深度呼应的连环式课程集群的构建，不仅是一种思维，更是一种工具，已成为我校深化课程改革、优化课程设计的一条有效途径。

"日新学科"的建设以学科为轴心，不断延伸与深化其内涵与外延，逐步扩展学科的辐射面，构建"1＋X"学科课程群。课堂更深更广地延伸到生命、生活、生长的范畴之中，致力于实现每一个孩子的个性化发展，体现的是对教育本真的追求。

1. 语文学科

"日新学科"之语文教学在注重回归本源的同时,更关注"开放"。学校开设的语文课程,立足于广阔的时代背景,致力于突破书本、教室、学校的局限,跨越时空与领域的界限,旨在建立开放的课程视野,培养孩子多维立体的语文素养。

在大语文的视野下,学校尤为重视阅读教学。"精·品·悦·读"系列课程的开设,以"精"引领阅读的海量,以"品"实现阅读的纵深,在国际视野下力求实现中外经典书目的融合贯通。2017 年,我校作为实验校,参与了北京师范大学与黄埔区合作的"中国儿童阅读提升计划"项目。

表 3　语文学科类课程群

	一阶	二阶	三阶	四阶	五阶	六阶
语文	精·品·悦·读 与经典同行 读书节,享乐于书 翰墨学堂 小小朗读者 走近中国近代伟人 打开中国传统节日的大门	精·品·悦·读 与经典同行 读书节,享乐于书 翰墨飞扬 小小朗读者 绘声绘色 走近中国近代伟人 打开中国传统节日的大门	精·品·悦·读 与经典同行 读书节,书香远飘 翰墨飘香 小记者团 畅所欲言 走近中国当代伟人 畅游传统佳节	精·品·悦·读 与经典同行 读书节,书香远飘 翰墨风骨 新闻发布会 急中生智 走近中国当代伟人 畅游传统佳节	精·品·悦·读 与经典同行 读书节,畅游书海 翰墨风韵 小主持人 能言善辩 走近世界近代伟人 佳节拍案惊奇	精·品·悦·读 与经典同行 读书节,畅游书海 翰墨流长 小演说家 百家争鸣 走近世界当代伟人 佳节拍案惊奇

2. 数学学科

"日新学科"之数学,并不是简单的加减乘除,而是在乐学的过程中善学,实现思维与逻辑的启蒙。一阶至六阶不同形式的"玩"中学,"赛"中学,体现的是创新意识、问题意识、质疑意识,求异思维、逆向思维直至创新实践能力的步步进阶与提升。

表 4　数学学科类课程群

	一阶	二阶	三阶	四阶	五阶	六阶
数学	玩转·七巧板 口算小达人 植树园林局	玩转·七巧板 心算小能人 植树园林局	玩转·纸牌 乘法小达人 运输 CEO 分数挑战赛	玩转·纸牌 我是计算超人 运输 CEO 小数挑战赛	玩转·数独 简便计算能手 制图设计师	玩转·数独 简便计算专家 方城大战 车轮一定是圆的吗

3. 英语学科

国际视野下的英语学科,涵盖了口语、童谣、诗歌、美文、名著、写作、演讲、创编等多种形式,根据儿童不同阶段的需求展开,凸显着不同的层次性。全方位多角度地为孩子打开一扇通往世界的窗,创设一个生活化的舞台。

表 5 英语学科类课程群

	一阶	二阶	三阶	四阶	五阶	六阶
英语	童趣外语节 外教口语 我型我 show 小小英语口语之星	童趣外语节 外教口语 我型我 show 小小英语口语之星	快乐外语节 外教绘本阅读 "I can read beautifully" 国际游学之旅	快乐外语节 外教诗歌朗诵 "I can read beautifully" 国际游学之旅	魅力外语节 外教短篇阅读 畅读英语绘本 国际游学之旅	魅力外语节 外教写作 趣读英语著作 英语趣配音 国际游学之旅

4. 体育学科

体育是学生展示鲜活个性,迅速获取成就感的大好舞台。因而,无论是具体的足球、网球、拉丁课,还是热火朝天的体育节、足球节,都要求教师必须把握好教学双边关系中"导"的作用,在导德、导思、导法、导向之时,不忘了导趣,为终身体育夯实基础。

我校每班每周一节足球课已持续了六年,日常训练由学校教练负责。学校不时邀请前国家队及广东队主力队员来校辅导。

学校针对不同年级开设的每周一节的网球体验课及高尔夫球体验课,采取的是双师制,除了体育老师外,还外聘了业界非常有名气的网球及高尔夫球教练。

表 6 体育学科类课程群

	一阶	二阶	三阶	四阶	五阶	六阶
体育	旋风小子 网球小王子 拉丁(恰恰) 趣味体育文化节 足球文化节之始于足下 小武神跆拳道	旋风小子 网球小王子 拉丁(恰恰) 趣味体育文化节 足球文化节之始于足下 小武神跆拳道 "小佐罗"击剑	足球小将 网球小王子 拉丁(伦巴) 力韵体育文化节 足球文化节之神气十足 小武神跆拳道 "小佐罗"击剑	足球小将 草原上的 golf 绅士 拉丁(伦巴) 力韵体育文化节 足球文化节之神气十足 小武神跆拳道 "小佐罗"击剑 扬帆起航	足球王者 草原上的 golf 绅士 拉丁(斗牛) 魅力体育文化节 足球文化节之捷足先登 "小佐罗"击剑 小武神跆拳道 扬帆起航	足球王者 草原上的 golf 绅士 拉丁(斗牛) 魅力体育文化节 足球文化节之捷足先登 "小佐罗"击剑 小武神跆拳道 扬帆起航

5. 艺术学科

重视学生在艺术学习中鉴赏美和创造美的实践,通过音乐、美术、戏剧、舞蹈、影视、剪纸等艺术形式的综合与联系,为学生提供多角度、多方面、多渠道的情感体验,学生有机会选择用自己喜爱的方式进行自我表达和交流,使其艺术经验不断得到丰富和升华。

课程外聘专业的剪纸、国画等民艺大师,意在把中国精湛的传统文化艺术展现给孩子,让孩子在兴趣中学习、在快乐中体验,在审美中熏陶、在经典里浸染,对传统技艺产生兴趣并主动传承。

表7　艺术学科类课程群

	一阶	二阶	三阶	四阶	五阶	六阶
艺术	走近画家 小春笋芭蕾 走进童话剧 我的舞台 合唱之趣 妙笔生花	走近音乐家 小春笋芭蕾 走进童话剧 我的舞台 合唱之趣 妙笔生花	走近民艺大师 芭蕾舞剧欣赏 闪耀唱将 悠悠合唱 巧手剪纸 竹韵画社	走近舞蹈家 歌剧欣赏 闪耀唱将 悠悠合唱 快乐剪纸 竹韵画社 鼓号铿锵	走近古典三杰 粤剧欣赏 新小好声音 合唱之美 灵魂画手 彩陶轩 妙手剪纸 鼓号铿锵	走近古典三杰 粤剧欣赏 新小好声音 合唱之美 灵魂画手 彩陶轩 随心剪纸

6. 科学学科

科学融入日常生活中的各个方面,让孩子自己动手"玩"科学,进而爱上科学,"动手做,做中学";同时重视科学的思维能力,逐步培养学生勇于质疑、严谨细致的科学态度。

表8　科学学科类课程群

	一阶	二阶	三阶	四阶	五阶	六阶
科学	走近昆虫学家 我是种菜小专家 趣味科技节 天马行空 巧手航模	走近昆虫学家 开心农场 趣味科技节 天马行空 智慧航模 台湾力瀚科学	走近鸟类学家 我是种菜小能手 生命科技节 我们的区别与联系 科幻未来 智能无线电	走近鸟类学家 我是种菜小能手 生命科技节 科幻未来 智能无线电 台湾力瀚科学 走进大自然	走近植物学家 我是小花农 科学show出彩 科幻梦工厂 机器人与编程	走近植物学家 我是小花农 科学show出彩 科幻梦工厂 机器人与编程

(三)以"日新舞台"创建特色化推进活动类课程建设

根植学校、地域历史文化,学校为孩子搭建的"日新舞台",依托社团活动、校园赛事、校园节日、文化寻访、国际交流等多样化载体,凸显"日新教育"的办学特色,活跃了课程实践,努力引导学生在活动中,学真知、做真人、长真才。

1. 社团活动

作为课程的重要载体,社团活动对于有效提升学生综合素质,促进学生多元化成长具有重要的现实意义。沸腾的校园展现多彩的社团文化,采薇诗社、陶艺社、竹韵画社、合唱团、足球俱乐部……孩子们在各具特色的社团活动中,体验生活,提升素养,涵养心灵。

表 9　新小 50 社团

文化与交流类社团	国际交流协会	节日文化社团	阳光志愿者协会	升旗手训练营	羊城小记者社
	羊城小主持社	礼仪社	演说社		
语言文学类社团	采薇诗社	翰墨飘香	诗歌朗诵社	阅读交流社	英语童谣社团
	英文戏剧社	好故事分享社			
艺术类社团	彩陶轩	鉴石社	剪纸社团	板报设计社	合唱团
	新小好声音社团	丝竹乐社	阿卡贝拉社团	竹韵画社	国画社
	妙笔生花写生社团	歌剧欣赏社	影视俱乐部	桃花源剧社	拉丁舞社团
	中国舞社团	芭蕾舞社团	斗牛舞社团	鼓号社	美食社
球类俱乐部	羽毛球俱乐部	足球俱乐部	网球俱乐部	高尔夫俱乐部	乒乓球俱乐部
棋类社团	国际象棋社团	围棋社团	象棋社团	五子棋社团	
科学思维与自然探索社团	力瀚科学社团	航模社	无线电社团	机器人社团	乐高社团
	小神童速算社	大自然探究社	种子社团		

2. 校园赛事

舞台系列之经典朗诵、新小好声音等比赛,教室系列之口算小达人、解题大赛等比赛,户外系列之"妙笔生花"校园写生、男女足球联赛等比赛……

学校每年定期举行不同系列的比赛,根据各种比赛的特殊性在不同的场地举行。多彩的校园赛事为孩子们打造了一个个展示自我的舞台,生动地诠释着"让特长成就孩子一生的自信"的理念。赛事所掀起的热潮,超越了课程本身,营造了积极向上的校园氛围,延展着"日新教育"的内涵。

3. 校园节日

体育文化节、读书节、科技节、足球文化节、外语节、合唱节等,课程融入到孩子们的实际生活中,教育内涵则通过一个个校园节日展现出来,丰富多彩的校园节日活动吸引着孩子们,浓郁的课程文化氛围给孩子们的校园生活留下美好回忆。

4. 文化寻访

"百步梯课程"中走进水乡、走进大自然、走进博物馆等课程,借助团队活动的形式,扎根于当地文化,在课程学习的同时,培养学生的合作、交际等能力。

5. 国际交流

"百步梯课程"接轨国际大环境,使课程学习跟地理时空的相关主题之间建立最常见、最有价值的联系。目前,学校已先后开展了与英国、瑞典、挪威等国家多次的国际交流活动。师生间的交流互动是彼此思维、文化碰撞,视野不断开拓的过程,同时也是学校课程的拓展延伸过程。

此外,新小校园的空气里,弥漫着"日新教育"的文化符号。楼道文化、特色场室……新小的校园里处处是学生展现自我的舞台,点滴的细节无声言说着"日新教育"的生命力与教育能量。校园成为"百步梯课程"深度推进的生命空间,成为一种思想传递、文化表达的场所。

(四) 以纵向主题融通,统整化推进主题类课程建设

多维、多向组织的主题整合课程,使关联与整合成为课程实施的常态。每学期,根据孩子的具体情况,学校围绕不同的主题进行梳理与整合,实施跨学科主题类课程。

表 10　黄埔区新港小学日新主题整合课程

学期	主题	内容
一上	我是小学生	语文（我是中国人，说好普通话）
		品德与生活（认识你，认识我）
		数学（我是新小学生：我们有几个老师，有几个同学……）
一下	与春做朋友	科学（寻找春天）
		美术（彩绘春天）
		语文（畅想春天）
		音乐（歌唱春天）
二上	感念父母恩	语文（背诵三字经）
		美术（我为妈妈画张像）
		数学（观察爸妈一天的生活）
二下	环保小卫士	品德与生活（节约用纸与环境保护）
		美术（环保明信片）
		科学（亲子活动：环保小发明）
三上	昆虫大乐园	美术（学习从局部细节深入描绘喜爱的昆虫）
		科学（观察记录昆虫的生活习性）
		语文（读《昆虫记》）
		音乐（欣赏《红蜻蜓》《虫儿飞》《蝴蝶飞》《小蜜蜂》等歌曲）
三下	新小小主人	品德与生活（介绍新小：桃李园、百草园、春晖园、沧浪亭、日新阁）
		数学（画出学校的平面图并规划路线）
		综合实践（小导游）
		语文（描绘校园一处景观）
四上	祖国好风光	语文（介绍自己感兴趣的祖国风光）
		美术（描绘出祖国大好河山）
		品德与生活（我为中国骄傲）
四下	彩蝶纷飞扬	科学（走进百草园观赏蝴蝶）
		品德与生活（交流各自所了解的蝴蝶种类）
		信息技术、美术（运用电脑绘画表现出眼中的蝴蝶）
		语文（学习《彩色的翅膀》《迷人的蝴蝶谷》）
五上	走过状元桥	体育（搭人桥）
		美术（画世界的桥：赵州桥、金门大桥、塔桥、悉尼海港大桥等）

学期	主题	内容
五上	走过状元桥	数学(石拱桥的建筑智慧)
		英语(剑桥的桥：数学桥、银街桥、国王桥等)
		综合实践(制作简易木桥)
		语文(复原圆明园,感受中国古建筑之美)
五下	共赏艺术美	语文(吟唱古诗文)
		音乐(学习粤语民谣)
		信息技术(画创意图)
		科技(科幻画)
		数学(寻找沧浪亭的数学之美：图形组成、对称等)
六上	戏剧与人物	美术(尝试用彩墨等方法表现戏剧人物)
		语文(交流介绍自己喜欢的戏曲名称及剧情故事)
		音乐(欣赏传统戏曲：京剧、越剧、昆曲等)
六下	我们毕业啦	美术(作品展)
		音乐(毕业音乐会)
		信息技术(用电脑绘画或电脑小报画出自己眼中的新小)
		语文(诗歌创作：诗忆童年,畅想青春)

课程分步骤、分阶段的实施,发挥了跨学科统整的综合优势,渗透着生命教育、安全教育、国际教育、爱国教育、传统文化教育、乡土教育、环保教育、感恩教育、美感教育、创新教育等。课程架构起知识世界与生活世界的桥梁,多元化、开放式、多渠道的活动学习融入到孩子们的实际生活中,实现了多向互动的延伸,发挥着辐射带动作用,使自觉的课程文化对孩子产生潜移默化的影响。

2016 年,在深入了解学校课程情境的前提下,学校秉承"旭日东升,逐日行远"的办学理念,从清新校园、自新德育、鼎新管理、纳新教学、日新课程五方面着手,努力践行"善美"文化理念,以文化浸润促发展。

百步梯下,拾级而上,鸿鹄志始;将军山上,旭日冉冉,竿头日进。如今,旭日文化为课程建设之底色,在地文化为课程资源之亮色,缤纷活动为课程体验之润色,现代环境为课程建设之基点,孩童需求为课程开发之原点,开放格局为课程开发之视点,新港小学的"百步梯课程"彰显的正是"日新教育"之哲学。"旭日文化"

生发出学校独特的新小精神，这些精神具体地表现为"辉光日新，至善至美"的校训以及"崇真"、"上善"、"达美"的校风、教风、学风，作为动力与支撑，新小精神是学校文化积淀后的一种凝练性的呈现。

"百步梯课程"，既架构于"日新"之教育哲学，其课程的构建与落实，同样是在生成性思维视域下的灵动图景，既有"自上而下"的整体规划，也有"自下而上"的实践创新，就像一个不断延伸的触角，体现着"日新"之活力。教育哲学的课程观的不断内化，让我们不断涌现新的思考；国际多元文化的交流，更是不断冲击着我们的教育理念与追求。

回顾往昔，珠水滔滔，星火燎原，辉光日新；静思未来，火树银花，谱写春秋，至善至美。对于未来的新港小学，如何让"百步之梯"更坚实，如何使登梯所窥世界更真实有趣，仍然是我们面临的重要课题。新港小学将继续以品质课程的建设为契机，搭建孩子内心的百步阶梯，点燃思维的火花，弹拨探索的心弦，让孩子拥有感知世界的心灵之镜，推开洞悉世界的真理之窗，拿起描绘世界的创造之笔，笑语盈盈，奏响当下与未来的乐章。

第一章

百步传文，沐浴在人世的美好里

以人文之心洞察社会，品历史之厚重、文化之精深、人物之坚毅；以百态之社会反观人文，悟思想之深邃、艺术之自然、意蕴之传承。人文情感是人类的一种高级情感，好比人的灵魂，有之则鲜活，无之则死寂。它非生而有之，却可以后天学习而获得。人文与社会相依共生，人文发展不能脱离社会而存在，同样，社会的发展也不能忽视人文因素。"辉光日新，至善至美"的少年必得人文润之、溉之、导之。

人文情感是人类的一种高级情感，是一种普遍的人性关怀，表现为对人的尊严、价值、命运的维护、追求和关切，对人类遗留下来的各种精神文化现象的高度珍视，对一种全面发展的理想人格的肯定和塑造，它关注的是人类价值和精神表现。从某种意义上说，人之所以是万物之灵，就在于有人文，有自己独特的文化。作为"辉光日新，至善至美"的少年，我们帮助孩子浸润人文精神，让每个生命灵动而有内涵。

　　《周易·贲》有云："观乎天文，以察时变；观乎人文，以化成天下。"汉语中的"人文"，实出于此，意指人类社会的各种精神文化。"观乎人文，以化成天下。"这一句话更是显示出二千多年前古代中国人已经认识到，要使天下（即社会）得到教化，趋于完善，人文因素是不可或缺的。这种情感并非生而有之，却可以通过教育逐步发展起来。人文与社会是相依共生的关系，人文发展不能脱离社会而存在，同样，社会的发展也不能忽视人文因素。人文与社会之重要性，促成了我校"人文与社会"类课程的产生与构建。

　　人文情感好比人的灵魂，有之则鲜活，无之则死寂。我们要培养的不仅是一定社会历史条件下的人，更是有思想、有深度的人。人是社会的产物，自然对探索社会充满了好奇和遐想。对于孩子们的成长来说，接触社会是很重要的一环，即便他们与学校外面的社会接触甚少，可他们想要多点了解和接触社会的热情却未消减，反而是随着年龄的不断增加，这种热情越来越高。人文是人类社会的各种文化精神，学校通过一系列关于人文与社会的课程，把这种人文精神传递给莘莘学子，引领孩子们感受和学习人类社会的各种精神文化，从而洒下种子，静待成长。

　　我们学校开设百步传文的课程，强调社会对于孩子成长的重要性，让学生感受人类社会的各种文化精神，从而了解和接触社会，在满足孩子们的愿望时，也发展了他们的人文素养，为他们以后步入社会打下了基础。

学习人文知识,瞻仰伟人的人格,感受他们的成长历程,都有助于提高孩子们的人文素养。人文素养的提高,眼界的开阔,活动的积极参与,这三者会使孩子们对社会生活更感兴趣。当孩子们乐于通过学习人文知识来了解和接触社会时,便会积极参与各类的社团活动,自觉地在探究中不断学习,感受接触社会所带来的乐趣。对于一些害怕接触社会的孩子,学习人文知识有利于消除他们对社会的恐惧感,培养积极的人格,形成良好的社会关系。

百步传文是学校百步课程中的六大分支之一,是关于培养孩子人文与社会的课程的集合,其中有走近伟人、走进博物馆、国际交流活动、传统节日等系列课程。因为课程的学习的要求不同,所以,我们根据课程的学习要求,把百步传文中的课程分为两大类。

一是学习与传承,对应的是"打开中国传统节日的大门"、"走近伟人"、"知书达'礼'"这三个系列的课程。这类课程的学习,着重传承文化,弘扬民族精神,在孩子们纯净的心灵中深深打下中华民族之烙印。优秀传统文化的熏陶,高尚人格魅力的影响,将培养孩子对本民族文化的认同,树立民族文化自信,形成高贵的民族气节,对孩子们价值观、人生观的树立产生积极影响。我们也希望这样的课程学习会让学生因中华之文化而自豪,将中华精神的浩然之气长存。

二是实践与分享,对应的是"舌尖上的粤菜"、"走进博物馆"、"开心农场"、"国际游学之旅"、"外语节"五个系列课程。这类课程最主要的特点是需要实践。宋代诗人陆游在《冬夜读书示子聿》中写道:"纸上得来终觉浅,绝知此事要躬行。"实践的课程能给孩子们带来乐趣,也能更好地实现"人文与社会"课程设计的目的。孩子们需要走进社会中,通过实践来加深对这一类课程的理解与感受。同时,这类课程也强调分享,让每个孩子交流从实践中得来的知识与感想,激发孩子们进一步参与的热情。这类课程还给孩子们自由发展、团队合作、讨论、发表想法的空间,让思维、表达、观察等能力在相互探究的过程中一起发展,也让孩子们感受交流的快乐!

根据课程本身的特点,采取不同的实施方式如:课堂学习、实践参与、小组合作等,让孩子能在参与的过程中,发展自己的各项能力。

"传统节日"、"走近伟人"等系列课程会**每周安排一节**,老师在课堂上进行集体授课,同时鼓励孩子们提前收集资料并在课上进行分享,传统节日里所蕴含的代代相传的一些优秀传统文化也会对孩子产生潜移默化的影响。同时立足于当今社会，让孩子们发现传统与当下的一些不同之处，知道传统文化随着社会的发展而发生了哪些改变。

"舌尖上的粤菜"系列课程则是通过**老师讲授与课后实践活动相结合的方式**，鼓励学生在老师讲授、讲解的基础上，在课下自主地开展实践活动。

"走进博物馆"、"国际游学之旅"、"外语节"这类的系列课程主要是通过**举办活动**的方式来实施。老师的引导，个人的自由发挥，学习小组的合作，乃至全校的共同参与，极大地激发孩子们学习的热情。学校为孩子们提供一个舞台，让他们在快乐的团队氛围中和团队帮助下，初步了解和接触社会，进行社会实践，感受参与活动所带来的喜悦，既增长了自己的人文素养，又开拓了视野。

有人说：每一个国家的人文虽然都有不一样的内容，却都有同一个初衷，那就是：让自己的人民永远记住本国伟大的文化，让自己的人民去创造更多的、更伟大的、本民族的人文。百步传文，帮助孩子铺砌步入社会的阶梯之路，让孩子了解更多的社会文化，汲取人文知识，彰显中国人的人文情怀，让新小之莘莘学子做冉冉升起的旭日骄阳！

（撰稿者：王樱璇）

第一节　国际游学之旅

拥有国际视野，开启国际游学之旅，我们如何带领孩子领略人性的深度和社会的宽度？

本课程适用对象：国际游学社团

一、课程背景

用眼睛阅读，了解的是人性的深度；用脚步丈量，知道的是世界的宽度。"深度"与"宽度"，塑造出生命的丰满。在这个日新月异的信息爆炸时代，国际交流活动是世界经济全球化对教育提出的客观要求，也是教育自身发展的内在必然。

中高年段，是人生中寻找自我、建立自信、培养独立人格的黄金时期。通过国际游学，孩子们走出国门，深入当地社区和普通居民的生活，了解国外多元的文明形态，探访世界不同文明的历史遗迹，体验不同文化带来的生活感受。国外的独立生活，在培养孩子负责任的生活态度方面，在语言强化训练、思想道德教育、人格养成、文化知识教育和世界和平教育等方面，都具有重要的作用和良好的效果。

作为改革开放的前沿阵地，新小秉承了广州人敢为人先的劲头、开拓创新的精神、海纳百川的气魄，先后与瑞典、英国、美国、挪威的教育同行开展深入交流，缔结同盟校，定期互派师生访问。这也成为我校的"国际游学之旅"课程的宝贵资源与优势。

本课程的理念是：读万卷书，行万里路。孩子在游学前，了解当地的文化。游学期间，可以去名校体验学术氛围，可以去博物馆感受文化魅力，可以体验当地传统的活动，可以学习语言课程、入住当地学校或寄宿家庭，也可以参观游览国外的主要城市和著名景点等，开阔国际视野，提高综合素质，真正做到学和游的结合。我们希望，"国际游学之旅"课程，为孩子们提供具有深远教育意义的文化探索和发现旅程，为培养具有国际化思维的创新型人才提供更多的机会和空间。

二、课程目标

1. 深入当地社区和普通居民的生活，体验不同文化带来的生活感受；

2. 参观游览国外的主要城市和著名景点等，与国外友人进行交流，了解国外多元的文明形态，经历不同文化的碰撞过程，开阔国际视野；

3. 学会叠衣服、整理行李等生活技能，适应独立生活，养成负责任的生活态度。

三、课程内容

本课程秉承"读万卷书，行万里路"的理念，以"游·学"为主题，主要分为以下四个模块：

（一）了解·期待

1. 了解将要游学的国家的历史、文化、风土人情等。

2. 通过与当地孩子的书信、邮件交流，增进对当地的了解。

3. 提前学习独立生活技能，如叠衣服、整理床铺等。

（二）生活·独立

1. 入住当地学校或寄宿家庭，适应当地的饮食、交通习惯，学会独立生活。

2. 深入当地生活，与外国同龄人交朋友。

（三）游学·碰撞

1. 围绕出行主题（如足球、传统文化等）与当地的同龄人进行交流等。

2. 参观游览当地主要城市及著名景点。

（四）分享·回味

1. 总结本次游学之旅的收获。

2. 通过"国旗下讲话"、"班队会"、"微信公众号"等多种形式，进行"游·学"日记、照片等的分享。

四、课程实施

国际游学社团主要面向三至六年级的学生，团员约有 30 名。本课程实施之前将与游学国家的当地政府或学校进行对接，安排好游学之旅的行程。通过召开游学前准备会议等，与学生家长进行妥善沟通，落实护照、机票等事宜。本课程实施时间为寒暑假期间，游学时长约为 2 周。实施阶段如下：

（一）出发前的准备阶段

根据当次游学国家的特点，对游学行程进行精心设计。如参观游览当地主要城市及著名景点，去名校体验学术氛围，去博物馆感受文化魅力，体验当地传统的活动等。

　　学校将根据当次游学的特性,与对接学校进行沟通,以互寄书信的形式让两国的孩子们进行简单交流,唤起孩子们对游学的期待。同时,让孩子们通过网络、书籍等多种途径了解将要游学的国家的历史、文化、风土人情等,并通过制作手抄报、游学前准备会议等多种方式进行分享,增加孩子对当地国家及本次游学行程的了解,做好游学准备。

(二) 游学进行时

　　入住当地学校或寄宿家庭。孩子们深入体验当地生活,适应并养成当地的日常生活习惯,在独立生活中通过生活方方面面的细节培养负责任的生活态度,收获必要的生活技能,如行李箱的收拾、衣物的摆放等。

　　围绕出行主题(如挪威杯、传统文化等)与当地的同龄人进行交流,让游学之旅充满不同文化的碰撞火花。鼓励孩子们在游览、交流的过程中,用照片、日记等形式记录下所见所闻、所思所感。

(三) 回国后的分享阶段

　　游学归来的孩子通过"国旗下讲话"、"班队会"、"微信公众号"等多种形式进行分享,总结本次游学之旅的收获。

五、课程评价

　　在评价方式上,做到形成性评价与总结性评价相结合,自评、学生互评、教师评价相结合。根据不同的评价维度,评选出"国际文明使者"、"小小外交官"、"自理小能手"。

(一)"自理小能手"评选活动

　　评选活动共有两次,将根据不同的评选目的,在相应的时间以相应的方式开展。

　　在出发前举行的"自理小能手"评选大赛,旨在培养孩子的自理意识以及自理能力。比赛分为"叠衣服"、"物品收纳"、"整理书包"等环节,根据整理时间的快慢以及整理的整洁度进行评选,选出最出色的 10 位孩子授予"自理小能手"称号。

回国后,每位孩子将会拿到如下的评选表格,同时根据社团人数进行分组,每组 5—6 人,进行"伙伴互评"。最后将综合自评、互评、师评,根据点赞数量评选出"自理小能手"。

国际游学之旅"自理小能手" 你能得多少个赞?			
学生姓名:	带队老师:		
评价内容	自评	伙伴互评	师评
独立自主 1. 能较快适应当地的生活习惯。			
2. 具备基本的生活技能。			
3. 能分类整理好自己的个人用品,做到整洁、有条理。			
我的收获:			
伙伴的话:			
老师寄语:			

(二)"小小外交官"及"国际文明使者"评选活动

游学行程中每天都会安排各类活动,带队老师将会对孩子们的表现进行记录。每天的活动结束前将会安排总结的环节,以讲述、照片等形式分享孩子的具体表现,并选出当天的"小小外交官"及"国际文明使者"。

"小小外交官"具体评价标准如下:

1. 与国外友人交流文明有礼、自信大方,展现中华少年的风采。

2. 在游学过程中,能对所见所闻有所感并大胆表达。

"国际文明使者"具体评价标准如下:

1. 在团队活动中积极参与,在讨论中能虚心听取他人的意见。
2. 文明有礼,服从分工,并能主动地帮助他人。

(课程开发者:温丽珍、梁翀华)

第二节 知书达"礼"

礼之用,和为贵。先王之道,斯为美。何以知书达理润泽生命,塑翩翩少年?

本课程适用对象:低年段

一、课程背景

礼仪,是一门综合性较强的行为科学,是一种为时代共识的行为准则或规范。礼仪可以用语言、文字和行动进行准确描述和规定,并成为人们自觉学习和遵守的行为规范。在人际交往中,礼仪可以有效地展现一个人的教养、风度和魅力。

我国是一个具有五千年历史的文明古国,素以"礼仪之邦"享誉世界。在大力倡导社会主义精神文明的今天,我们更要弘扬"礼仪之邦"的道德风范。随着社会的快速进步和文明程度的不断提高,礼仪在学习、生活、工作中起到越来越重要的作用。"知书达'礼'"课程通过了解不同的时代、不同的阶级、不同的民族的传统礼仪,开展当代小学生礼仪教育,进行礼仪规范训练,让学生掌握规范的礼仪,培养学生良好的行为习惯,懂得自尊自爱、尊重他人、友好相处,为儿童全面发展奠定基础。礼仪教育对少年儿童的健康成长具有极重要的意义。

本课程的理念是"懂礼学礼致礼,做文明礼仪少年"。这门课程针对低年段的学生,通过诵读经典名著,教师引导帮助学生理解传统礼仪,通过分模块学习校园礼仪、家庭礼仪和公共场所礼仪,让学生发现身边的文明礼仪,并在衣、食、住、行的多维领域中习得和运用礼仪智慧,使自己成为一个精神饱满、情绪愉快、人际关系协调、言谈举止受人欢迎的文明礼仪少年。

二、课程目标

1. 了解不同时代、不同阶级、不同民族的礼仪；

2. 学习校园礼仪、家庭礼仪和公共场所礼仪，从衣、食、住、行四个生活领域习得和运用礼仪智慧，争做文明礼仪少年。

三、课程内容

本课程以"传承礼仪之邦　争当文明少年"为主题，让学生了解不同的时代、不同的阶级、不同的民族的礼仪，开展当代小学生礼仪教育，进行礼仪规范训练，让学生掌握规范的礼仪。基于不同场合的礼仪，将分成校园礼仪、家庭礼仪和公共场所礼仪三个模块，具体为：

第一模块：校园礼仪

主要学习内容为了解古代师生礼仪，理解"一日为师终生为父"等古话和经典名句，从古往今来的伟人事例中感受师生的情谊，如"理学家杨时：程门立雪尊师典范"、"儒商始祖子贡：尊师至诚孝道楷模"等，引导学生懂得师生礼仪的重要性，学习基本的校园礼仪。

第二模块：家庭礼仪

主要学习内容为诵读《弟子规》《三字经》等经典著作，学习基本家庭礼仪，学会尊敬父母、孝敬父母，与父母和谐相处。

第三模块：公共场所礼仪

主要学习内容为了解古代和当代社会的公共场所礼仪，如衣冠礼仪、餐桌礼仪、节日礼仪等，让学生更好地融入社会生活中，处处受到欢迎，得到尊重，使他们的社会生活充满快乐，培养他们积极健康的人生态度。

四、课程实施

本课程通过选编教材，互联网，多媒体课件，视频资料等多种渠道获取教学资

源。学校把每学期的第一个月定为"学礼致礼月",利用一周一课时的品德课进行课程实施。实施的教学方法如下:

(一)文化熏陶法

围绕课程的不同模块,教师及学生通过图书、网络等途径,收集相关资料,从而更深入与深刻地了解不同的时代、不同的阶级、不同的民族的礼仪。通过观看视频、诵读经典诗文、阅读或讲述故事,让孩子们在礼仪之邦的深厚传统文化中潜移默化,认识到在人际交往中礼仪可以有效地展现一个人的教养、风度和魅力。

(二)示范教学法

通过教师示范、学生角色扮演等活动,让学生自主发现和总结礼貌用语、行为规范的等多方面的礼仪,教师引导学生比较不同场合的礼仪的共同点与不同点。

(三)合作学习法

围绕课程的不同模块,教师创设各种情境,学生根据情境和所学的礼仪知识自主编排礼仪小表演,在展示中总结和升华礼仪知识。

五、课程评价

现代教育的评价理念是发展性评价和激励性评价。本着这个理念本课程的评价将以学生为主体,采用以每周、每月的基本常规形式的评选活动为主的过程性评价。在课程结束的时候采用评选性评价的方式对学生进行评价。同时,在评价过程中,重视和尊重学生的观点和想法,给予学生一定的肯定和赞赏。具体的评价方法如下:

(一)过程性评价

本课程每个课时都安排孩子根据情境和所学的礼仪知识自主编排礼仪小表演。这不仅提供给孩子一个展示所学礼仪的舞台,也培养孩子自主评价的能力。教师根据学生的参与度、礼仪运用适当度、语言组织表达能力等方面进行引导与点评。活动的目的在于在实践中掌握和运用各方面的文明礼仪知识,同时提高学生语言组织和表达的能力以及大胆展示自己风采的精神。

(二)评选性评价

在课程即将结束的时候,举办"身边的文明礼仪"手抄报活动,通过班级展板来展示优秀学生的作品。另外根据学生的平时课堂表现,课余生活中与老师、同学、家长沟通交流的礼仪表现,手抄报完成情况等进行"文明礼仪之星"、"礼仪进步之星"等的评选,激励学生在日常生活中懂礼学礼致礼,争做文明礼仪少年。

(课程开发者:邓勇超)

第三节　打开中国传统节日的大门

如何让孩子拥有一把打开中国传统节日大门的神奇钥匙,让人文情感鲜活而深刻地印入心灵?

本课程适用对象:低年段

一、课程背景

中国传统节日主要包括除夕、春节、元宵、重阳、清明、端午、中秋、冬至、寒食、中元、七夕、腊八、头牙、尾牙、祭灶等。中国的传统节日形式多样,内涵丰富,是我们中华民族悠久的历史文化的一个组成部分。传统节日的形成过程,是一个民族或国家的历史文化长期积淀凝聚的过程,我国的传统节日,无一不是从远古发展过来的。从这些流传至今的节日风俗里,我们还可以清晰地看到古代人民社会生活的精彩画面。

由于现在世界文化大融合,信息传播方式快速,孩子们在幼儿园时过圣诞节、六一儿童节、万圣节等外国节日,很多孩子不知道哪些节日是外国节日,哪些节日是国际节日,甚至有些孩子只知道外国节日而不知道中国的传统节日,或是把外国节日、国际节日、和中国传统节日混为一谈。本课程针对低年段学生,所以只要求孩子们区分中国传统节日。

通过对本课程的学习和研究,学生们知道中国传统节日有哪些以及这些传统节日的时间,了解中国这些传统节日的由来,了解与中国传统节日有关的神话故事以及自己家乡关于这些传统节日的风俗文化,从而体会中国传统文化的博大精深和劳动人民的智慧,培养了热爱、研究祖国传统文化的热情,培养了动手能力、搜集资料的能力和口头表达能力。

本课程的理念是:晓中国节,品中国味;明传说,知习俗。初步了解每个传统节日有关的神话传说和自己家乡的过节习俗,品味浓浓的中国节日气氛,通过采访父母和长辈,班级故事分享会等形式,锻炼孩子口头表达能力和复述能力,同时提高孩子自学能力。

二、课程目标

1. 知道中国传统节日有哪些及其时间;
2. 了解家乡在过每个中国传统节日时的习俗并能用自己的话讲述出来;
3. 自学与传统节日有关的古诗词。

三、课程内容

本课程以打开中国传统节日的大门为主题,根据与传统节日有关的文化类别进行分类,具体分为五个模块:节日与神话故事、节日与历史故事、节日与诗词、节日与食物、节日与活动。

(一) 节日与神话故事

了解与除夕有关的神话故事《年的由来》,了解中秋节与《嫦娥奔月》有关,了解七夕与神话故事《牛郎织女》有关。低年段的学生喜欢听故事、讲故事,这些精彩的神话故事更能激发孩子们对传统节日的学习兴趣。

（二）节日与历史故事

了解与端午节有关的历史故事,知道端午节与纪念屈原有关。

（三）节日与诗词

诵读和学习与元宵有关的苏道味的《正月十五夜》,诵读和学习与重阳节有关的王维的《九月九日忆山东兄弟》,诵读和学习与清明节有关的杜牧的《清明》,诵读和学习与中秋节有关的李商隐的《嫦娥》,诵读和学习与七夕节有关的杜牧的《秋夕》和《乞巧》。找诗词、读诗词、诵诗词、解诗词。通过诗词,学生可以了解很多传统节日的时间、来历和民间习俗。

（四）节日与食物

知道除夕吃饺子、春节吃团圆饭、元宵节吃汤圆、端午节喝雄黄酒、中秋节吃月饼、冬至吃饺子、寒食节吃冰冷的食物、腊八节喝腊八粥。通过对食物的了解来了解传统节日的风俗和人们对美好生活的向往。

（五）节日与活动

知道除夕晚上放鞭炮、春节贴春联、元宵节赏花灯,知道重阳节登高望远、插茱萸,知道中秋节赏月,知道清明节踏青、扫墓这些活动,通过了解节日的活动以及自己亲身经历的活动来了解中国传统节日的文化。

四、课程实施

本课程通过选编教材、互联网、多媒体资源、音像资料、采访讲述等多种渠道获取教学资源。总共16个传统节日,以学期为单位,低年段共4学期,一个学期讲四个传统节日,一个传统节日两课时,一个学期8课时,四个学期共32课时。实施的教学方法如下:

（一）"四读法"

搜集有关传统节日的常见古诗词后,学生进行"一读"——自读,在老师或家长的帮助下进行"二读"——熟读,之后,孩子们进行"三读"——诵读,然后通过老师的引导,学生进行"四读"——读出诗词中所写的有关传统节日的风俗、食物、文化。

(二)"三讲法"

根据节日所在年份的日期,安排教师进行国旗下讲话,老师或家长根据故事书或网上查找的资料向孩子讲述与当时正在了解的传统节日有关的神话故事,然后安排班级分享会,先小组之间进行讲故事比赛,然后每小组推选出一位同学在全班进行讲故事。

(三)"两做法"

学校制作传统节日展板在校园内粘贴,学生回家与家长一起制作传统节日需要的物品,例如春节时,一起与家人包饺子,正月十五,跟爸爸妈妈一起制作灯笼,重阳节的时候一起与亲朋好友登高望远等,通过亲身经历来感受中国的传统节日。

五、课程评价

本课程主要采取随堂性评价、过程性评价、展示性评价,通过这样一个循序渐进的过程,及时了解孩子遇到的问题并及时帮助孩子积极主动地去了解中国的传统节日相关知识。同时,在评价过程中,重视和尊重学生,给予学生更多的肯定和赞赏。具体操作如下:

(一)随堂性评价

每个传统节日的课上,挑选出小组内认真分享的同学进行鼓励和指导,并进行小红花标注。

(二)过程性评价

在孩子收集自学古诗时,家长通过微信语音发给老师检查,老师统计检查并进行小红花标注。在传统节日风俗实践中,家长通过拍照片记录的形式发到班级微信群进行分享,老师进行记录和小红花标注。

(三) 展示性评价

根据学生的课堂分享成果和古诗词诵读掌握情况进行展示性评价,给予评价,老师记录并标注小红花。

结合以上三种评价方法制定表格如下:

姓名	自学情况	课堂表现	展示情况

……(根据班级学生人数进行指定相应数量的表格)

(课程开发者:杨一萍)

第四节　快乐外语节

快乐外语节碰撞出中外文化的火花。如何让孩子在多元文化的冲击中开拓视野,丰满人文情怀?

本课程适用对象:中年段

一、课程背景

我校外语节以外国文化为主题,每年举行一次盛会。活动中利用各种方式对外国的城市、大学、地理位置、节日、习俗、饮食文化等进行学习。开拓孩子们的视野,激发他们努力学习外语的欲望。

本课程的理念是:走进西方世界,领略异域风情。社会的快速发展,让地球变成了地球村,让世界人民相互沟通、理解、容纳。中国的孩子也将走出国门,迈向世界,孩子们需要了解外面的世界,了解文化差异,领略不同地方的风土人情,从小培养国际视野。

二、课程目标

1. 了解不同国家的习俗、节日、风景、饮食习惯、优秀文化等,开阔国际视野,对国外生活产生探究的兴趣;

2. 体验外语节中的服装秀、舞台表演等,感受外语节浓厚的氛围,提升口语表达能力,增强表达自信。

三、课程内容

本课程以"国家文化周"为主题,每年的外语节与国际游学之旅课程相连接,确定外语节的具体国家,如英国、美国、挪威、西班牙等。根据不同的课程内容与形式,主要分为以下两个模块:

(一)了解与体验

结合不同国家的文化、名人、名胜古迹、日常用语、风景、习俗等特色进行学习,如"西班牙文化周"的"我们是小小毕加索"艺术展、西班牙音乐文化之旅、西班牙日常用语、与"小玛诺林"同游西班牙、走近塞万提斯与《唐吉坷德》、西班牙建筑之几何形体美、西班牙斗牛舞大赛等。此类课程内容涵盖语言、艺术、文学等方面,让孩子们能更深入了解该国家,开阔国际视野。

(二)分享与展示

开展外语口语剧表演、服装秀、文艺汇演及"班级大食会"等。此外,结合不同国家的特色文化、习俗等设置不同的活动。如"西班牙文化周"开展西班牙斗牛舞大赛,"挪威文化周"开展环保时装秀等。孩子们在合作表演等活动中,感受与运用不同国家的日常口语,了解该国的饮食特色与文化氛围。

四、课程实施

外语节根据不同年龄段孩子的身心发展特点及规律,安排了不同的课程内容及实施方式。本课程主要面向中年段的孩子。不同的实施阶段,实施的场地也有所不同,主要在学校百步梯、教室、梦想舞台等地方。课程实施时间为每年的"六一"儿童节,活动时间约为1周,实施阶段如下:

(一) 增进了解与营造氛围

根据不同的活动主题,精心设计不同的内容。通过视频、故事分享、文学导读等方式增进孩子对该国家的了解,进而引导孩子通过网络、书籍等多种途径探索该国家的历史、文化、风土人情等,了解该国家的文化及趣事。

通过制作手抄报、班级演讲等多种方式进行分享。分享后,将孩子们制作的手抄报、宣传海报等张贴在班级宣传栏、橱窗、门板等位置,营造浓郁的外语节氛围。

"六一"儿童节当天,学校百步梯设计"星光大道",其设计将凸显本次外语节的国家主题,营造浓郁的外语节氛围。孩子们将穿上自己制作的、体现该国特色的服装回校,在活动结束后班主任组织孩子合影留念。

(二) 自信展示与快乐享受

"文化周"前期以班级为单位开展外语口语剧的表演。通过英语课、外教口语课、视频等多渠道引导孩子了解学习不同国家的日常口语。在熟练掌握的基础上让孩子们4—5人自由组合,创设一定的情境进行表演。

在"六一"儿童节组织的"班级大食会"活动中,让孩子们介绍该国的饮食特色,或是将特色食品带回校进行分享,并开展其他特色活动,如西班牙斗牛舞大赛、环保时装秀等。

五、课程评价

在评价方式上,本课程将采取评选性评价与展示性评价相结合,自评、学生互评、老师评相结合的多元评价方式,增强孩子的创造性与自信心。具体评价方式如下:

(一)展示性评价

利用班级宣传栏、橱窗、门板等位置,让学生展示外语节主题国家的特色,鼓励展示形式的多样化,如手抄报、绘画作品、宣传海报等。"六一"儿童节在"梦想舞台"进行外语节主题文艺汇演,各特色活动将在全校师生面前进行展示,在舞台体验中增强孩子的自信心、团队协作能力等。

(二)评选性评价

对外语口语剧进行班级评选活动,评选出"最6口语"并颁发奖状,一等奖3名、二等奖6名、三等奖9名。具体名额可根据各班情况进行适当调整。

具体评价维度如下:外语口语的流利性;情景设置的合理性;表演形式的创新性等。

(课程开发者:傅映萍、英语科组教师)

第五节　舌尖上的广府菜

生活中的人文文化在舌尖上发酵、跳动,如何让孩子在舌尖上的广府菜中体验广府人文之厚重?

本课程适用对象:低年段

一、课程背景

粤菜,即广东地方风味菜,是我国著名四大菜系之一,它以特有的菜式和韵味,独树一帜,在国内外享有盛誉。其烹饪技术之精妙,菜式美点之纷繁多样,味道之鲜美,色、香、味、形整体设计之完美,都可谓首屈一指。在今日中华大地,从京城到边疆,从沿海到关外,一股"粤菜风"正风靡全国,甚至冲击着其他菜系原先占据的市场。

粤菜在国外是中国的代表菜系。粤菜形成和发展与广东的地理环境、经济条件和风俗习惯密切相关。"粤菜"由广府菜(广州菜,广府是对广东的旧称呼)、潮州菜、东江菜(也叫客家菜)等组成,而以广府菜为代表。"舌尖上的粤菜"低年段课程通过了解粤菜传统文化,认识广州人的传统文化精神,开展学广州菜、品广州菜、做广州菜等活动,让学生掌握粤菜传统文化,学习广州人文化精神,让粤菜这极具有地方个性的历史文化丰富学生的基础知识和生活技能,为儿童的全面发展奠定基础。

本课程的理念是"打开粤菜视角,体验广府文化"。这门课程针对低年级的学生,通过学生分模块学习广府菜的历史文化,并学做几道地道的广府菜,以及引导帮助学生理解广府人文化精神,让学生发现身边的粤菜文化,学习广府人的务实、节约、敢为人先等优秀品质,在寓教于乐中让学生既掌握了烹饪技能,又学到了广府人的文化精神。

二、课程目标

1. 了解粤菜系中广府菜的形成和发展;

2. 做几道地道的广府菜美食,在做中学,加深对粤菜文化的理解;

3. 体验和学习在广府菜中体现出来的广府人的务实、节约、敢为人先等优秀品质。

三、课程内容

本课程以"品尝广府菜,学做广府人"为主题,让学生学习广府菜的历史文化,并学做几道地道的广府菜,引导并帮助学生理解广府文化精神,具体分为独树一帜的广府菜、舌尖上的广府菜、务实争先的广府菜三个模块。

第一模块:独树一帜的广府菜

主要学习内容为认识广府菜的发展史和特点,其特点包括:集南海、番禺、东莞、顺德等地方风味的特色,兼京、苏、扬、杭等外省菜以及西菜之所长,兼收并蓄,博采众长,取料广泛,注重质味,力求清中求鲜,自成一家。

第二模块:舌尖上的广府菜

主要学习内容为通过观看地道的广府菜烹饪视频,例如及第粥、清蒸河鲜、白切鸡等,在父母的协助下,学做几道广府菜。

第三模块:务实争先的广府菜

主要学习内容为通过学习广府菜类型和饮食习惯,了解广府人务实、节约、敢为人先等文化精神,学做务实争先的广府人。

四、课程实施

本课程通过选编教材,互联网,多媒体课件,视频资料等多种渠道获取教学资源。学校将每学期的第二个月定为"粤菜文化月",利用一周一课时的品德课进行课程实施。实施的教学方法如下:

(一)点拨教学法

围绕课程设定,教师通过图书、网络等途径,收集相关资料,从而更深入与深刻地介绍广府菜的起源、形成、发展过程、文化精神以及它的选材、烹调方法等特点。

(二)资源学习法

围绕课程设定,教师通过搜集广府菜菜谱、烹饪视频等资源,让学生在做中学,在父母的协助下,亲子共同学做几道广府菜。

(三)行动体验法

围绕课程设定,教师创设各种情境,学生根据情境和所学的广府人务实、节约、敢为人先等文化精神自主编排表演,在行动体验中总结和升华。

五、课程评价

现代教育的评价理念是发展性评价和激励性评价。本着这个理念本课程的评价将以学生为主体,采用每周、每月的基本常规形式的评选活动为主的过程性评价。在课程结束的时候采用评选性评价的方式对学生进行评价。同时,在评价过程中,重视和尊重学生的观点和想法,给予学生一定的肯定和赞赏。具体的评价方法如下:

(一)作品性评价

本课程第二模块中,学生通过学习教师搜集的广府菜菜谱、烹饪视频等资源,同时在父母的协助下,亲子共同学做几道广府菜,并拍摄全程制作视频,然后将保鲜好的菜式带回学校,与同班同学一起分享,老师和同学对烹饪作品进行打分评价。寓教于乐,提高学生的动手烹饪能力,又可以增进亲子关系。

(二)评选性评价

在课程即将结束的时候,举办"独树一帜的广府菜"、"舌尖上的广府菜"、"务实争先的广府菜"手抄报活动,通过班级展板来展示优秀的学生作品。另外根据学生的平时课堂表现、手抄报完成情况、自主编排表演等进行"小小广府菜厨师"、"广府文化传承者"等的评选,激励学生用实践打开粤菜视角,用行动体验广府文化。

(课程开发者:邓勇超)

第六节　走进水乡

水乡乃百态社会之一角。如何带领孩子走进水乡,品艺术之自然,悟人文之毓秀,与家乡文化相依共生?

本课程适用对象:五年级

一、课程背景

水乡文化是与平原文化、山区文化不同的一种独特文化。水乡又分为江南水乡和岭南水乡,与江南水乡的柔美风格不同的是,岭南水乡的风光更带有阳刚之气。岭南水乡风光秀丽,保留了完整的民居建筑和兼渔兼农的生活方式,是岭南一带极具魅力的自然景观与人文生态景区,享有"南国的周庄"、"动感水乡""中国的湄公河"等美誉,有"红桥碧水"、"草塘潮音"、"水乡农榭"、"许愿树"等三十多个景点。广州地处岭南地区,本地就有丰富、独特的水乡文化,如南湾水乡、周庄等。因而,建立在此基础上的"走进水乡"课程可实施性较强。

本课程的理念是:水乡行,悟水乡情。用眼睛去审阅,用脚步去丈量,用心灵去感受。学生在走进水乡前充分搜集水乡资料,活动过程中欣赏水乡风景、调查水乡文化,从而提高实践能力、团队精神、协作能力。越是民族的,就越是世界的。我们希望通过"走进水乡"课程让学生们掌握调查的方法、了解家乡文化、热爱自己的家乡,做家乡优秀文化的继承者、传播者。

二、课程目标

1. 了解家乡的水乡文化,热爱家乡水乡文化;
2. 培养合作探究的精神,并形成调查研究的能力。

三、课程内容

五年级的学生具备独立自主的能力,学生实践前要准备记录本、录像机或者相机。从学生自身的特点和课程的目标出发,课程分为以下三个模块:

(一)了解与初探

1. 了解南湾水乡和周庄水乡景观、风俗与物产资源;

2. 设计"走进水乡"活动路线图;

3. 确定本次活动要完成的一个任务。

(二)亲历与实践

1. 调查记录当地民风民俗,与当地人民进行深入沟通、交流;

2. 选择水乡变迁、水乡名人、水乡风俗习惯、水乡人文风情、水乡建筑、水乡物产等任一主题进行调查。

(三)汇报与重温

1. 总结本次活动的收获与感受;

2. 学生以水乡风景、历史文化、民风民俗为内容制作书签。

四、课程实施

"走进水乡"课程面向的是五年级的学生。每学期围绕不同水乡主题开展一次实践活动。外出实践的具体时间将综合天气情况、学生活动安排等多方面考虑,由学生、家长及学校共同协商,时间跨度为 1 天。具体实施方法如下:

(一)小组合作学习法

课程开始之初,孩子们自由组合成 4—6 人的活动小组,共同拟定小组名称及组长人选。根据不同的活动任务,小组成员进行合理分工:资料搜集、采访记录、摄影录像等。

课程结束前,引导孩子以小组合作的方式对所搜集的资料、走访的所见所闻等进行整理,并形成个性化的活动成果。

(二) 行动体验法

外出实践前,小组内通过网络、书籍等多途径搜集关于水乡的资料,对水乡有初步的了解。教师将根据不同的水乡主题,布置不同的活动任务,如:水乡的变迁、水乡的名人、水乡的风俗习惯、水乡的人文风情、水乡的建筑特色等。小组成员围绕不同的主题开展活动前的准备工作(具体分工、准备物资、观察角度、走访人物、安全教育等)。教师进行相应的指导。

落实外出实践时间并组织孩子们到水乡实地走访。让孩子们通过亲眼观察、亲手试探、亲耳听闻,全方位感受水乡文化。

五、课程评价

本课程秉承以学生为本的理念设计评价方式,对学生的创意和习惯等给予及时的肯定与鼓励。具体评价方式如下:

(一) 展示性评价

课程结束前,孩子们将以小组合作的方式展出活动成果,教师应鼓励成果的多样化及个性化,如水乡小报、水乡采访录、水乡摄影等。选取其中优秀的成果,利用班级宣传栏、教室墙壁等多处场地举办活动成果展,让孩子们在欣赏交流的过程中相互学习与借鉴。

(二) 评选性评价

课程进行时,教师根据各个小组在活动中的表现进行及时引导及评价,对学生的优点进行表扬,不足之处给予及时的指导。

课程即将结束时,孩子们都会拿到一张匿名的选票,教师引导孩子们回顾活动中各个小组及组长、组员的表现进行投票,票数或分数高者将分别颁发"最佳合作小组"、"最佳组长"、"最佳组员"称号,以资鼓励。

选票格式如下(课程实施教师可根据孩子们的表现进行适当调整):

① 我认为_____、_____、_____这三个小组的表现最好,

因为_____

② 如果10分为满分,我认为我的组长能得_____分,

因为_____

③ 我认为我们组的组员_____表现最好,

因为_____

(课题开发者:王樱璇、梁翀华)

第七节　走近中国近代伟人

历史之厚重,伟人之不朽,如何带领孩子走近中国近代伟人,体味近代中国历史之风云?

本课程适用对象:低年段

一、课程背景

伟人,通常是在一定的历史条件下,在某个领域或几个领域,通过自身和团队的奋斗,做出了普通人不能做出的伟大业绩。这些业绩对当时或者后世产生了积极的影响,对国家、民族乃至于全人类有益的。只有真正经得起历史的考验,受到大多数人的敬仰的人才能列入伟人行列。伟人是社会历史发展中不可缺少的一部分,他们是历史长河中最璀璨的明珠。

立足现实,展望未来,实现中华民族的伟大复兴,实现"中国梦"更是需要吃苦耐劳、甘于奉献,持之以恒的伟人。时代更赐予了"伟人"更多的内涵。学生是教育的对象,从学生自身特点看,学生具有可塑性。学校德育是少年儿童健康成长的条件和保证,而榜样示范法是常用的德育方法。"走近伟人"课程正是运用这样

一种方法，以伟人为榜样，让学生潜移默化感受伟人巨大的人格魅力、人文精神以及强烈的爱国主义情感，从而影响学生的思想、情感和行为。

本课程的理念是：悟伟人人格，做时代少年。这门课程让学生走进历史，走近伟人，了解他们的事迹，感悟他们背后的吃苦耐劳、甘于奉献、持之以恒精神，在润物细无声中争做奋发向上，富有时代精神的少年儿童。

二、课程目标

1. 了解伟人事迹的生平事迹，知道他们的成长和奋斗历程，主动参与到搜集与评述伟人事迹的活动中来；

2. 感受并学习伟人伟大的人格魅力和人文精神，增强为实现"中国梦"不懈奋斗的使命感。

三、课程内容

本课程以"走近伟人，感受伟大精神"为主题，让学生了解伟人的故事、经历，感受伟人的丰功伟绩和崇高的人格魅力，积极向伟人学习。基于不同的伟人，将内容分为走近伟人毛泽东、走近伟人周恩来、走近伟人孙中山三个模块，具体为：

第一模块：走近伟人毛泽东

主要学习内容为中国领导人毛泽东的故事和精神。包括朗诵毛泽东的诗词《沁园春·长沙》、《菩萨蛮·黄鹤楼》、《西江月·井冈山》等，阅读书籍《毛泽东青少年时代的故事》，观看纪录片《毛泽东》。作为领导人，毛泽东身上所具有的不怕困难、爱国精神是值得学生学习的。在学习和生活中需要这种精神才能不断挑战自己、超越自己。

第二模块：走近伟人周恩来

主要学习内容为近代领导人周恩来的故事和精神，包括阅读文章《为中华之崛起而读书》、《周恩来与他的世纪》、《周恩来》等。周恩来是一位受人民爱戴和尊敬的领导人，从相关书籍中感受周恩来从小立志要为国家作出贡献的精神，感受他身上的强烈的爱国主义情感以及艰苦钻研、持之以恒的精神。

第三模块：走近伟人孙中山

主要学习内容为近代领导人孙中山的故事和精神，包括朗诵孙中山的诗词《挽刘道一》《咏志》等，阅读书籍《大革命家孙逸仙》《天下为公》等。孙中山是一位具有前瞻意识的领导人，他领导的相关革命深刻地影响当时的中国。国家的发展离不开伟大的领导人，学习这一模块有利于形成学生的国家意识，明白到个人和国家是密不可分的，个人自强不息国家才能繁荣富强。

四、课程实施

本课程通过选编教材、互联网、多媒体课件、视频资料等多种渠道获取教学资源。以每学年为一个教学周期，上半学期 2 课时，下半学期 2 课时，共 4 课时。实施的教学方法如下：

（一）资源学习法

围绕课程的不同模块，教师及学生通过图书、网络等途径，收集相关资料，从而更深入与深刻地了解伟人的事迹与精神。通过观看视频、诵读经典诗文、阅读或讲述故事，孩子们更形象、直观地了解伟人事迹，感受伟人的人格魅力、人文精神，从而激发与培养强烈的爱国主义精神。

（二）感受分享法

开展"说说心中的伟人"活动，让孩子们将自己心中的伟人通过语言、表演等形式展现出来，大胆表达自己对伟人的感受与受到的启发，不仅拉近孩子们与伟人的距离，进而引发共鸣，同时也锻炼了孩子的语言表达能力。

（三）场馆学习法

场馆学习是孩子们学习本课程的重要方式。教师将会根据课程进度推荐农讲所、中山纪念堂等相关的场馆，发动学生及家长在课余时间进行参观学习，在场馆中熏陶与感染，进而撼动学生的心灵，使学生从感性和理性上更深刻地体会伟人的精神。

五、课程评价

现代教育的评价理念是发展性评价和激励性评价。本着这个理念,本课程的评价将以学生为主体,采用每周、每月的基本常规形式的评选活动为主的过程性评价。在课程结束的时候采用总结性评价的方式对学生进行评价。同时,在评价过程中,重视和尊重学生的观点和想法,给予学生一定的肯定和赞赏。具体的评价方法如下:

(一) 展示性评价

本课程每个课时都有"说说自己心中的伟人"这一项活动,每个学生有五分钟左右的时间。学生不仅为伙伴们讲述自己所了解到的伟人事迹、感受到的伟人精神,也大胆表达自己的所思所想及行动计划:在自己的学习和生活中如何向伟人学习。教师将相机进行引导与点评。活动的目的在于提高学生语言组织和表达的能力以及增强大胆展示自己风采的自信。

(二) 作品性评价

在课程即将结束的时候,举办"描绘自己心中的伟人"手抄报活动,通过班级展板来展示优秀学生的作品。此项活动通过图画、文字等各方面的技能要求锻炼学生的综合素质,提高学生的语言组织和表达能力。

(课程开发者:叶淑桦)

第八节　走进博物馆

博物馆是历史的脉动。走进博物馆,我们如何让孩子洞悉人文意蕴在历史长河中的流动?

适用年级: 六年级

一、课程背景

博物馆是人类文明发展的结晶,人类知识的宝库,世界文明的窗口,也是人类积累起来的文化金字塔。它是保护和传承人类文明的重要殿堂,是连接过去、现在、未来的桥梁,在促进世界文明交流互鉴方面具有特殊作用。我国各类博物馆不仅是中国历史的保存者和记录者,也是当代中国人民为实现中华民族伟大复兴的中国梦而奋斗的见证者和参与者。

本课程的理念是:透过历史印记,感受人类文明艺术。走进博物馆,可以更好地感受历史,感受人类文明艺术,获取知识。小而言之,可以提高个人素养,大而言之,对整个国民素质的提高都是大有裨益的。通过参观博物馆,感知历史文物,学生们的眼界更开阔、知识更丰富、能力更高、意识更强。

二、课程目标

1. 拓展课外知识面,丰富历史文化知识,提高个人素养;
2. 了解古人的物质文化生活和精神世界,增强民族自豪感;
3. 增强凝聚力,树立和培养集体意识和合作精神。

三、课程内容

博物馆是保护和传承人类文明的重要殿堂,为了让学生了解历史,提高艺术修养,让学生认识博物馆,感受博物馆承载的历史文化,进而爱上博物馆,本课程以"走进历史 走进艺术"为主题,分为两个模块。

(一)走进广东革命历史博物馆

参观广东革命历史博物馆,观察其中陈列的文物、文献及照片等,如 1927 年广州起义时写着"广东工农兵拥护苏维埃政府大会"的两条标语"打倒帝国主义"、

"工农兵起来,拥护苏维埃政府",还有辛亥革命时期的共和纪念帕、中国同盟会入会证、中共广东区委办党校的教材《训练材料第二集》、黄埔军校第一期毕业生潘学吟的毕业证书、陈毅在粤北领导游击战争时用过的皮箱、中国人民解放军第四野战军从东北打到海南岛的功臣炮和"威震敌胆"的旗帜等。聆听讲解员的解说,了解从鸦片战争到全国解放时期的历史文化。

(二)走进广州艺术博物馆

欣赏中国历代书画,以岭南地区的书画作品为重点,如北宋文同的《墨竹图》、明代林良的《秋树聚禽图》、清代弘仁的《黄山始信峰》等。

欣赏水彩、水粉、粉画专题陈列馆,漫画及雕塑展区。观看馆内的历代艺术品,让孩子们的内心产生对美的向往、对艺术的渴求、对中国文化的赞赏和自豪。

四、课程实施

本课程每学期开展一次,每次活动开展时间为一天,由老师策划、家长配合组织学生外出实践。实施的教学方法如下:

(一)行动体验法

让孩子们通过亲眼观察、亲手试探、亲耳听闻感受真真切切的存在的事物,让孩子们能够有亲身实践的机会和平台。活动体验后以学习心得、手抄报、作品展示等形式巩固交流、加深学习印象。

(二)文化熏陶法

通过网络收集、实地参观学习等方式收集资料,让孩子们在学校宣传栏、班级文化宣传栏里张贴手抄报、宣传海报、作文、学习心得等来渲染中国文化,通过对历史文物的宣传和科普,让学生们知道中华文化的博大精深,中华文物的艺术和中国古代人民的智慧。

（三）合作学习法

孩子们通过分小组（四人或者六人组）互相学习、互相帮助，进行实践学习。在分享自己的所见所闻之余，利用网络、课外书籍、报纸等途径搜集材料，并开展学习交流，分享学习成果。

五、课程评价

本课程的评价将以学生为主体，采取赛事性评价与随堂性评价相结合的评价方式。

（一）赛事性评价

活动结束后通过手抄报的形式开展一次全体性的作品展示会。鼓励孩子们将自己的所见所闻、学习心得进行展示，教师根据学生所展示的作品，评选出一等奖6名、二等奖9名、三等奖12名，并颁发证书进行表彰。具体评价标准如下：

1. 作品内容：主题鲜明、积极向上，内容充实；
2. 版面美观：活泼流畅，色彩协调，字迹工整。

（二）随堂性评价

教师根据学生在活动中的表现，对学生在活动中的表现进行及时评价，对学生的优点进行表扬，不足之处给予及时的指导。

具体评价维度如下：1.在小组活动中的参与情况；2.分享收集的资料是否全面详细。

（课程开发者：翟海媛）

第二章

百步欣言，雀跃在成长记忆中的符号

语言有极大的魅力，可以使人无限遐想。它是工具，人们利用它来互相交际，交流思想，达到互相了解的目的。语言是思维的寓所，思维是语言的灵魂，一个拥有良好思维的人必定是谈吐不凡的。因此，语言课程是人文性和工具性的统一，"百步欣言"，即是快乐地学习语言、快乐地使用语言之意。

语言有极大的魅力,而这魅力来源于中华五千多年的历史,它像一只精灵,带着人们畅游世界,寻求那珍贵而美丽的知识,使人无限遐想。它如一个尘埋千年的宝箱,朴素的外表毫不起眼,略作窥探却能找到绚丽多彩的宝藏。它似不知何处而来的风尘仆仆的老者,迈着深沉而稳健的步伐,踏过世间的沧桑,它走上前来了,这时你能看到它睿智而富有光芒的眼睛。

它是工具,人们利用它来互相交际,交流思想,达到互相了解的目的。语言是思维的寓所,思维是语言的灵魂,一个拥有良好思维的人必定是谈吐不凡的。作为人类使用最频繁的交际工具,说话是人们进行沟通的主要方式,一个掌握良好语言技巧的人不仅意味着他富有学养,也意味着他定是通情达理,善解人意的。所以,语言学习质量的优劣关乎人的一生。在孩子们的启蒙学堂里,"语言"类的课程作为孩子蒙学阶段的奠基性课程——孩子们在此中学习语言使用的规则和技巧,同时也在被语言课程中伴随的价值观引导下影响着、塑造着。语言课程既有工具性的一面,又有人文性的一面。

"百步欣言",即是快乐学习语言,快乐使用语言的意思。孩子们每日迎着朝阳由百步梯拾级而上,放下书包,拿出晨读课本。走在新小校园的走廊上,伴随着桃李园里招展身姿的花儿,能看到的是摇头摆脑的孩子,他们迎着清晨的阳光已经开始了新一天的早读。"苟日新,日日新,又日新",学海无涯,孩子们用稚嫩的小手撑起船桨,扬帆起航;书山有路,孩子们用勤劳的步伐丈量大地,远走天涯。无论是母语还是外语,小学阶段接受的良好的语言启蒙教育对孩子们一生的语言素养发展都是非常重要的。在这样一个重要的阶段,老师们总会思考,怎样用最灵动的课堂,在孩子们的心里播撒快乐学习的种子,用最诗意的语言,去灌溉他们肥沃的语言土壤。调动孩子们的学习积极性,让兴趣引导孩子学习,即是"百步欣言"课程的宗旨。

在"百步欣言"的课程设计中,我们充分考虑到了每个学龄段孩子的特点,为不同学龄段的孩子设计出符合他们思维特点的课程,旨在让孩子们享受到轻松快乐的语言学习氛围的同时,学有所得,学有所用。

主题性语用类包括的课程有"绘声绘色讲故事"、"朗诵"、"小记者团"、"唇枪舌剑"、"小小演说家"等系列课程。以上的课程从各种各样的角度,为孩子们设计了特定的使用场合,充分挖掘身怀不同特长的学生,并为他们提供了舞台来表现各具特色的语言魅力。

书籍阅读类包括的课程有"与经典同行"、"精·品·悦·读"、"读书节"等系列课程。"书读百遍,其义自见。""书中自有黄金屋,书中自有颜如玉。"语言者使用语言技巧的高妙,不仅仅缘于他灵活的思维,更加归于他腹藏的诗书。这类课程通过让孩子们参与多种形式的读书交流活动,充分调动孩子们的阅读兴趣,以增长孩子们见识的深度和广度,从而提升孩子们语言的能力。

国际交流类的课程包括"我型我 show"、"外教"、"I can read beautifnlly"、"英语绘本阅读"、"英语歌曲童谣比赛"、"英语故事表演"、"英语自编故事表演"、"英语小诗朗诵"等系列课程。此类课程重视培养孩子们的英语实际运用能力。在形式多样的交流活动中,孩子们有机会练习自己的英语口语,并切身体会不同文化之间的差异,同时学习英语的兴趣由此被激发。

根据课程内容的不同,课程的实施方式也是不一样的:其一,外教课与兴趣课教学。来自不同国家的外国教师将会给孩子们带来不同国家的语言文化。其二,组织比赛。我校常组织经典诵读等不同的表演比赛。这样的组织形式往往能够激发孩子们学习传统文化的兴趣,于班级而言,又能增强凝聚力。其三,游学。我校与国外多所学校都保持着联系,并定期组织交换生去国外学习,学生在游学的过程中可以提高英语口语的表达能力。其四,相关社团活动。每天放学后,学校都会外聘教师来给孩子们的社团进行指导。

语言的使用是无处不在的。每一个孩子都是最优秀的学习者,他们无时无刻不在与人交流,在接受新的信息。在与朋友的交往中,在学习中,在家庭生活中,在校外社交中,孩子们都在看,都在说。不仅是用肉眼在看,更是用思维的眼睛在观察。我们所做的正是通过学校课程,学校社团,课外实践等方式把这个精彩纷呈的语言世界展示在他们面前。让孩子们乐于学习语言,乐于使用语言是课程开发的宗旨。正如陶渊明在《五柳先生传》中说到的：每有会意，便欣然忘食。

（撰稿者：田浩辉）

第一节　与经典同行

与孩子共同沐浴在诗意的课堂中，如何引导孩子跟随先贤，伴同经典，回眸灿烂辉煌的中华文明并载歌载舞，共同沉淀与升华？

本课程适用对象：中年段

一、课程背景

文学经典犹如中华漫长历史长河中的一颗明珠，闪耀着璀璨的光芒。经典诵读在如今越来越受到人们的重视。《语文课程标准》明确提出让学生"认识中华文化的丰厚博大，吸收民族文化智慧"，也指出"语文教学要重视对学生古典文化的积累，引导学生积累丰富的经典文化"。央视近年来播出的《诗词大会》、《经典咏流传》等节目，也足见国家对经典诵读的重视。

在全民诵读经典的大背景下，学校开展经典诵读课程势在必行。新港小学一直以来重视推广经典诵读。早在新课程标准颁布以前，我校已坚持采购教材，在各班开展经典诵读活动，组织全校的经典诵读比赛。因此，我校的《与经典同行》课程是有根基的，它扎根于学校亭台楼阁、轩榭廊坊的校园环境，扎根于"上善、崇真、达美"的学风，扎根于"苟日新，又日新，日日新"的课程理念。

本课程的理念是：与智者对话，与经典同行。中年段的学生已具备独立的阅读能力。在低年段《与经典同行》课程的铺垫下，孩子们已经初步掌握古诗、韵文的诵读方法。到了中年段，我们一方面坚持经典文学的诵读，另一方面，要有目的、有规划地向学生渗透古代文人的生平，使其了解作品产生的历史背景以及作者的思想倾向，让学生通过文本，跨越历史的鸿沟，与智者对话。引导学生树立正确的历史观、世界观和价值观，培养孩子们对中华传统文化的认同感和传承优秀传统文化的使命感。

二、课程目标

1. 通过反复诵读,理解古诗词的大意和思想感情。初步了解中华经典文化,感受中华文化的博大精深;

2. 通过查阅资料、观看影视作品,了解作者生平,感受作者的写作风格;

3. 在与作品对话中,感知作者的情怀,并从中受到熏陶感染。

三、课程内容

本课程以"诵读经典,知人论世"为主题,通过帮助学生了解古代文学经典中最具代表性的先秦之孔子、盛唐之李白、北宋之苏轼和南宋之辛弃疾的生平和作品,引导学生诵读经典,感受经典。具体内容如下:

(一) 先秦之孔子

本模块主要讲解孔子《韦编三绝》、《孔子相师》、《孔子学琴》、《登堂入室》的四个典故,让学生感受孔子的人格魅力,并诵读《论语》中的名句名篇。孔子被尊称为"圣人",是儒家学派的创始人,是影响中国文化发展、治国方针和思想发展的先贤。孩子们在入学的时候,就有诵读《三字经》、参拜孔子像的仪式。此外,开展经典诵读课程,与智者对话,应首先了解孔子生平及其思想内涵。

(二) 盛唐之李白

主要教学内容是盛唐的历史背景和李白的生平故事,诵读《望庐山瀑布》、《古朗月行》、《清平调·云想衣裳花想容》、《将进酒》。唐诗是经典文学中的一颗璀璨明珠,在古代文学中有着不可取代的位置。李白的诗,反映了唐朝太平盛世时百姓的生活和帝王将相的奢靡。读李白的诗,有利于孩子们了解盛唐历史;读盛唐历史,能帮助孩子们深入解读李白的诗。

(三)北宋之苏轼

主要教学内容是北宋的时代背景和苏轼的生平故事,诵读《水调歌头·明月几时有》《定风波》《江城子·乙卯正月二十日夜记梦》《念奴娇·赤壁怀古》。古诗在唐朝已经发展到顶峰,宋朝开始,宋词应运而生。苏轼的词与他的豪放派的性格、坎坷的经历息息相关。学生可以在诵读苏轼词的过程中,一窥北宋的时代风云。

(四)南宋之辛弃疾

主要教学内容是南宋的时代背景和辛弃疾的生平故事,诵读《清平乐·村居》《青玉案·元夕》《西江月·夜行黄沙道中》《丑奴儿·书博山道中》。辛弃疾与苏轼同属豪放派词人,但由于时代背景和作者生平经历的不同,两人的作品呈现出来的生活场景、表达的思想内涵也大有不同。让学生了解南宋历史的转折、词人的际遇,能够大大提高学生的学习兴趣,拓宽学生的知识面。

四、课程实施

本课程通过选编教材、互联网、多媒体课件、视频资料等多种渠道获取教学资源。以每学年为一个教学周期,一学年 18 个学时,每个学时 20 分钟,课程利用的是每周三下午的午读时间。实施方法如下:

(一)资源学习法

围绕课程内容,教师及学生通过图书、网络等途径,收集相关资料,对作者生活朝代和生平经历有一定的了解,为作品的学习积累知识背景。通过观看视频、音频、诵读经典诗文等形式,增加课堂的趣味性和延续性。孩子们在听、在看的过程中,对诵读有基本的感悟,为接下来更好地诵读经典奠定基础。

(二)诵读体验法

围绕课程内容,选取诵读的经典作品进行诵读。在教学开展过程中,教给学生诵读的方法,打节拍读,增强趣味性;有一些适合吟诵的诗,教会学生吟诵。通过诵读和吟诵让孩子感受经典,走近经典,熟读成诵。学生在听音频、看视频的时候,模仿诵读的方法,同时教师不断提供给孩子诵读的机会,使其在实践中运用方法,丰富自身的诵读体验。开展"我是小小朗诵家"的评选活动,让学生对经典诵读充满兴趣和向往。

(三)感受分享法

孩子们诵读完经典后,师生之间、生生之间围绕课程内容展开讨论、表达感悟,让情感在此产生共鸣,让思维发生碰撞,让孩子的心智在诵读中得以启迪、不断发展。学生在与文本的对话中,感受作者遣词造句的功力,学习作者的写作手法,感受文学之美。

五、课程评价

现代教育的评价理念是发展性评价和激励性评价。本着这个理念本课程的评价将以学生为主体,采用每周、每月的基本常规形式的评选活动为主的过程性评价。在课程结束的时候采用总结性评价的方式对学生进行评价。同时,在评价过程中,重视和尊重学生的观点和想法,给予学生一定的肯定和赞赏。具体的评价方法如下:

(一)展示性评价

本课程开展"我是小小朗诵家"的评选活动,每个学生有五分钟左右的时间,选择一篇自己要诵读的作品,在全班同学面前诵读。教师将相机进行引导与点评,活动的目的在于提高学生语言表达的能力以及大胆展示自己风采的自信。

(二)作品性评价

在课程即将结束的时候,定期开展与智者对话的书报展览,让孩子们将自己心中的李白、孔子、苏轼等人,通过手抄报、绘画、小品表演等形式展现出来,使孩子们的表象更加深刻,更加丰富具体。此项活动还通过图画、文字等各方面的技能要求展现学生的综合素质。

(三)赛事性评价

每学年,学校会举行一次经典诵读的比赛。学校定一个活动主题,根据情况邀请家长参加。每个班根据主题选择相关的诵读内容进行排练，而后进行全校性的比赛。比赛分初赛和决赛，初赛结束后进入前十名的班级进入决赛，进入决赛的班级根据初赛存在的问题进行调整，调整后进行展示并评出特等奖 2 名、一等奖 3 名、二等奖 3 名。初赛的队伍评出三等奖，优秀奖若干名。经典诵读比赛给孩子们提供了一个展示的舞台，增强孩子们的自信心。让家长参与到孩子的活动中，还能达到亲子共读的目的。

（课程开发者：陈雪丹）

第二节　精·品·悦·读

孩子能在字里行间的精微中驻足吗？会跟随行云流水的文思漫步诗书吗？会惊叹于构思精巧的故事情节而流连忘返吗？

本课程适用对象：高年段

一、课程背景

精品阅读是运用语言文字来获取信息、认识世界、发展思维，并获得审美体验的活动。它是从视觉材料中获取信息的过程。视觉材料主要是文字和图片，也包括符号、公式、图表等。

学生语文核心素养的提高离不开有效的课外阅读。苏霍姆林斯基说："会不会阅读，决定着一个人的智力发展。"叶圣陶先生说："多读作品，多训练语感，方能驾驭语言文字。"洪镇涛说："语感是一种语文修养，是长期的规范的语言感受和语言运用中养成的一种带有浓厚经验色彩的比较直接迅速地感悟领会语言文字的能力。"课外阅读要教会学生读书的艺术。

本课程的理念是：悦读越读，浸润情智。阅读需要开启心智、展开思考。在读中思，在思中读，读思结合，轻盈行走。高年段学生在教师的指导下，以自由的心境、科学的方法展开愉悦的阅读活动。在阅读的过程中学生学习用规范的口头语言来讲述书中的故事,还要尽可能地把书中汲取的语言表达智慧运用到自己的写作与生活当中去,提高自己的语言艺术。

二、课程目标

1. 掌握基本的阅读方法,学会浏览、略读、精读等读书方法;

2. 能主动进行探究性学习,在实践中学习、运用语言文字;

3. 在阅读中学会独立思考,培养独立阅读的能力,注重情感体验,有丰富的积累,形成良好的语感。

三、课程内容

本课程以"走进悦读,浸润情智"为主题,分为"与名家对话"、"生活中的启示"、"走进科学世界"、"梦游世界"、"中华故事"五个板块,具体如下:

(一) 与名家对话

推荐名家及其书目:冰心的《繁星·春水》、《寄小读者》;曹文轩的《青铜葵花》、《草房子》;杨红樱的《淘气包马小跳系列》、《笑猫日记》;沈石溪的《狼王梦》、《最后一头战象》等。以一个作家为原点,阅读其经典作品,随之搜集补充与此相关的一切信息,比如该作家的其他作品、生平、家乡、朋友等。最终以该作家的名字为标签,架构起一个丰满立体的文学认知小系统。同时在阅读过程中让学生初步掌握并运用多种阅读方式。

(二) 生活中的启示

主要推荐书目有:《假如给我三天光明》、《窗边的小豆豆》、《城南旧事》、《失落的一角》、《少年维特之烦恼》等。此类书籍目的在于让学生从故事人物的经历中联系生活实际、观察体验生活,拓展学生思维,引导学生采用读写结合的方法,促使学生多方位、多角度地来悟"道"。

(三) 走进科学世界

主要推荐书目有:《奇妙的古希腊数学历险记》、《昆虫记》、《森林报》、《海错图笔记》等。此类书籍目的在于让学生在阅读中去狭隘化,多阅读知识类、科学类等书籍以长"智"。

(四) 梦游世界

主要推荐书目有:《小王子》、《苏菲的世界》、《乌丢丢的奇遇》、《七号梦工厂》、《西游记》等。此类书目以童话系列为主,在于激发学生的想象力与创造力,感受人世间的真、善、美。

(五) 中华故事

主要推荐书目有:《春秋故事》、《三国演义》、《上下五千年》、《中国老故事——民俗故事》等。此类书目以中国历史题材为主,在于培养学生明辨是非、独立思考的能力,训练学生多元化思考能力。

四、课程实施

本课程共 40 课时,适合对象为高年级的学生。早读、午读前为课外阅读时间,保证每天不少于 30 分钟的自由阅读时间。每周五第二节为"精品阅读"课,场地可根据内容安排在教室、阅览室、桃李园等。课程实施前制定课外阅读计划,精选学生必读书目与选读书目。实施过程如下:

(一) 熏陶与引领

激发学生阅读兴趣,拉近学生与名家的距离。一是学校定期邀请名家来我校做讲座。二是组织学生参加校外图书馆、购书中心等举行的作家讲座活动。

以班级教室为阅读大本营,开辟读书活动专栏,营造浓厚的读书氛围。开辟班级图书角,有统一的推荐必读书目至少两套,围绕相关阅读主题充实书柜,并建立健全相关阅读制度。设计班级墙体文化,根据阅读主题设计风格各异的班级墙体文化如"与名家对话"、"生活中的启示"等,点缀温馨的教室。

（二）共读与碰撞

根据不同的阅读版块确定课外阅读指导课类型。

1. 课外阅读导读课

"与名家对话"阅读版块中，以一个作家为辐射点，共读一本经典代表作，选读2-3本其他作品。在指导过程中可运用"三读法"——浏览性的泛读，探究性的速读，品味性的精读。

2. 课外阅读交流课

读书沙龙——让手中的书"走"起来，以"优秀带动全体，活动带动常态"。活动前确定主题，如"分享好书"、"做生活的智者"、"片段朗诵会"等。以小组形式开展，让每一位学生都能够轻松自如地分享读书感受，谈心得体会。

面对面的交流与沟通能极大地激发学生的读书兴趣，通过文字的交流与沟通则能让学生的课外阅读进入深入思考。班级阅读日志、语音分享阅读片段与感受等方式是课外阅读指导的拓展，让学生"能主动地进行探究性学习，在实践中学习、运用语文"，也为学生提供了自由的学习空间和展示的舞台，在很大程度上拓宽了学生的知识面。

3. 课外阅读展示课

在读完整本书或阅读版块后进行阶段性成果展示，如阅读卡、手抄报等评比、展示活动，音乐剧、舞台剧的改编，对阅读材料进行再创造。通过开展系列活动让学生充分感受读书的乐趣，在活中锤炼阅读品质，提升阅读品位，从而进入阅读的良性循环。

（三）实践与体验

在实践中体验生活，学会读书。让学生体验生活，感受生活，我们鼓励学生走出校园。探访陈家祠、南海神庙，搜集相关资料感受岭南文化；与法布尔一起观察校园植物、昆虫，制作标本，学会科学的学习、记录方法；开展"月圆人圆"系列活动，在搜集有关中秋节的节日起源、传统民俗、逸闻趣事、诗词佳句资料的过程中感悟团圆、和谐的幸福等等。

五、课程评价

在课外阅读活动中，应该采取多元、动态的评价标准，促进学生自主发展。坚

持过程性评价与结果性评价相结合,充分发挥学生的主体性,激发学生的积极性,使精品悦读浸润学生心灵。具体的评价方法如下:

(一)展示性评价

每周学生都会有一次分享一本好书的活动,通过此活动能够锻炼学生的语言表达能力和思维能力。老师及时对学生的展示进行评价,从而不断提高学生的能力素养。

(二)作品式评价

举行班级读书成果展示,学生展示自己"快乐阅读成长记录袋"的成果,这样的活动能增强孩子们阅读的自信心。

快乐阅读成长记录袋

同学们,快把你们阅读的书目记录下来吧。看看谁能成为我们的"阅读之星"。还可以把你们读过的图书用读书笔记的方式记录下来。

时间			书目、作者	好词好句	心得感想
年	月	日			

太棒了,我完成了读书笔记!

检查日期:　　　　老师签名:

（课程开发者:周丹丹）

第三节　小记者团

　　观察，发问，记录，思考，发言。如何引导孩子打开心灵的慧眼，撬动思维的杠杆，执小镜头观大世界，握三寸笔书人间情，抒韶华志发英才声？

　　本课程适用对象：中年段

一、课程背景

　　新闻是指报纸、电台、电视台、互联网等媒体经常使用的记录与传播信息的一种文体，是记录社会、传播信息、反映时代的一种文体。新小是广州黄埔区最开放，最包容的小学之一。它与挪威、英国等国家的学校都有着合作和交流的关系，是教育面向世界，面向现代化的优秀实践基地。小学是孩子们最具有探索欲望的阶段之一，好奇心驱使着孩子们认识世界。但是与此同时，孩子们接受信息的渠道却是极其有限的。孩子们单调的生活和强烈的认识需求就形成了矛盾。

　　由此，"小记者团"课程便应运而生。孩子在学习的启蒙阶段，需正确的价值观引导，新闻的时效性、真实性、准确性，以及新闻人的优秀品质也将对孩子将来的学习生活产生深远的影响。

　　本课程的理念是：读新闻，长见识。本课程依托学校社团，挑选符合孩子认知水平的新闻材料，通过教师的选材，让孩子们读新闻，评新闻，写新闻。在新闻取材前，孩子们的观察能力和分析能力将得到充分的锻炼。在新闻阅读和新闻创作中，让孩子们充分感受新闻的魅力。优秀的学生作品将通过学校媒体展示，学生的一次次的新闻创作将得到及时的反馈。孩子们在相互阅读同伴的作品过程中最终达到"增长见识"的目的。

二、课程目标

1. 初步懂得新闻的概念，对新闻的相关知识有初步的了解；
2. 试着学习观察事件和捕捉事件的技巧，养成观察生活的习惯；
3. 初步学习新闻的创作技巧。

二、课程内容

从《新闻起步》一书入手培养学生的新闻感知能力，激发学生对新闻的兴趣，让他们初步感受新闻的魅力，学习新闻创作。同时发掘孩子们的逻辑分析能力，信息提取能力，进而发展孩子的语言表达能力。围绕以上能力，内容分为以下四个板块：

（一）观看新闻

以多媒体作为课堂教材，老师引领孩子们看新闻，分析新闻，评论新闻。在课堂上，老师将引领孩子观看《蛙闻联播》、南方少儿频道的《南方视窗》等节目，在观看新闻的过程中让孩子们对新闻的概念有感性的了解。

（二）观察和采访

学生模仿新闻采访的方式，学习如何寻找新闻素材，学会观察。另一方面，还要学习如何设计采访问题等。孩子们将会被分成采访人和被采访人两组，进行采访学习，老师将在旁指导。

（三）实地采访

孩子们将学习最基本的摄影技巧，开启观察生活的新视角。通过一次真实的实地采访，学习如何策划一个有创意又具有实施意义的采访方案。

（四）编辑新闻

孩子们将会通过不同新闻稿的对比，认识新闻文字的特点。学习如何设计新闻版面,试着让文字更加生动、吸引人,符合新闻的要求。同时还要学会辨析新闻中常见的错别字。

四、课程实施

本课程通过教师带领学生观看《蛙闻联播》、南方少儿频道的《南方视窗》等节目,教师查阅相关理论书籍等多种渠道获取教学资源。每学年为一个教学周期,上学期14个课时,下学期14个课时,共28个课时。每周一课时,每课时60分钟。具体实施过程如下:

(一)看新闻,找规律

教师引领孩子们观看《蛙闻联播》、南方少儿频道的《南方视窗》等符合孩子年龄层次的新闻节目,引导孩子们总结其中新闻的规律。除了教师讲授,还可以采用个性发言、小组讨论、头脑风暴等形式。通过孩子们的讨论和总结,复杂枯燥的新闻理论变得更加接地气,便于孩子理解。这个过程还能培养孩子独立思考、合作学习的品质,而后续对孩子们观察力的考验也与此一脉相承。

(二)小话筒,大智慧

分小组、分主题进行新闻采访。模拟真实的采访场景,让孩子在模拟环境中巩固并使用第一环节中学到的新闻知识。

(三)真体验,树信心

本环节教学将会分小组带领学生进行采访。教学中,先教孩子们问题设计的技巧,然后教会他们使用必要的采访工具,如摄影机等。再指导孩子们亲自去设计一份实地采访的方案。让孩子们定好采访的主题,和被采访人约定时间和地点,亲自设计采访中需要向被采访人提问的问题,以及小组内摄影、采访、笔录工作的分工会遇到的问题等。

在这次实地采访中,孩子们将学习如何去解决实际采访中会遇到的问题,对课程中学习的采访技巧作进一步的补充,树立孩子们作为"小新闻人"的自信心。

其他小组在观摩学习中也能进一步提升采访能力。

（四）编文字,配美图

把孩子们采访的成果(包括照片,文字)收集起来,从文字编辑到图画与文字的结合逐一指导。完成一篇完整的新闻作品后将会在学校媒体上进行展示。学校最终将评选出优秀的"小新闻人",为组建校记者团做好前期准备。

五、课程评价

本课程主要采用以每周、每月的基本常规形式的评选活动为主的过程性评价,以期末检测、专项考核为主的结果性评价。具体的评价方法如下:

（一）过程性评价

通过每个星期学生参与课堂的积极性和作业的完成质量,评出"每周小小新闻人"。每月,结合学生在课堂上的表现如课堂投入程度和课堂交流讨论、展示的情况,评选出"每月小小新闻人"。

（二）结果性评价

期末,根据被评为"每周小小新闻人"的次数,评选出"我是小小新闻人",并给学生颁发奖状。

"我是小小新闻人"评价表

项目	每周小小新闻人	课堂投入状态	知识掌握情况	课堂交流讨论、展示情况
学生姓名一				
学生姓名二				

（课程开发者：田浩辉）

第四节　读书节，书香飘

孩子如何能在"读书节日"的氛围中，尽情享受读书的快乐，在读书活动中沐浴文化的恩泽，更新知识，开拓视野？

本课程适用对象：中年段

一、课程背景

阅读是成长的基石，阅读是精彩人生的开始。每年的 4 月 23 日是世界读书日，我们倡导孩子爱书、读书，进一步激发孩子的读书热情。温家宝总理也说"知识不仅给人力量，还给人安全，给人幸福。多读书吧！"

阅读是为了扎实推进"书香校园行动"，进一步营造"书香校园"的良好文化氛围，使学生在"书香校园"中尽情享受读书的快乐，让读书成为习惯。阅读让新小的每一位师生、每一户家庭在读书活动中沐浴文化的恩泽，接受传统的洗礼，享受阅读的快乐，更新知识，发展智力，开阔视野，为终生学习发展奠定基础。

本课程的理念是：多读书，读好书。引导孩子博览群书，多读益己、益人、益民族之书；以书为友，以书为鉴，养成阅读的好习惯。

二、课程目标

1. 在大量的阅读实践中丰富知识，开阔视野，感悟祖国语言文字的博大精深，拓展知识面；

2. 参与读书节活动，亲近书本，学会读书，喜爱读书；

3. 养成热爱书籍、博览群书的好习惯。

二、课程内容

本课程以"好书伴我成长,书香飘满校园"为主题,根据读书内容分为励志、教育、孝敬、友善、节俭和诚信六大板块,具体如下:

(一)励志

主要书目有《让孩子一生受益的 100 位名人成长记录》、《珍惜每一次的感动》、《木偶奇遇记》、《假如给我三天光明》、《妈妈心妈妈树》、《鲁滨逊漂流记》等。此类书主要激励孩子勇敢地成长,从书中获得勇气和自信,对生活充满信心和热情。

(三)教育

主要书目有《爱的教育》、《我们的母亲叫中国》、《100 个中国孩子的梦》、《草房子》、《中外战争的故事》、《我的野生动物朋友》等。此类书目主要让孩子懂得爱自己、爱他人,勇于助人,更能让孩子深刻地体会爱,体会这个充满大爱的世界!

(三)孝敬

主要书目有《弟子规》、《孝敬的故事》、《二十四孝故事》、《心灵之光》、《孝敬父母要做的 45 件事》、《爷爷的微笑》等。此类书目主要让孩子懂得如何孝敬父母,常怀感恩,尊重师长,传承"孝"道。

(四)友善

主要书目《宰相肚里能撑船》、《负荆请罪》、《仁义胡同》、《春秋时期,问"鼎"的楚庄王》、《李斯特让肖邦脱颖而出》、《六尺巷》等。此类书目主要培养学生从小学会与他人、与自然、与社会和谐共处,互助共赢,将来为社会的稳定与和平做出应尽的努力。

(五)节俭

主要书目有《毛主席勤俭节约的小故事》、《周恩来勤俭节约的故事》、《邓小平勤俭节约的故事》、《雷锋的节约精神》、《勤俭节约的民间故事》、《苏轼之房梁挂钱》等。此类书目主要教育学生学会节约，培养学生为节省身边的资源出一份力的责任感，让学生传承中华传统美德。

（六）诚信

主要书目有《论语》、《诚信的种子》、《给你一面水晶的镜子》、《做最好的自己》、《信任的力量》、《诚信是金》等。此类书目主要培养学生从小有诚实守信的品质，培养学生高尚的人格，为将来立足社会奠定坚实的基础，同时也让学生传承中华传统美德。

四、课程实施

读书节定在每年的四月份，本课程时间跨度为 1 个月，对象为中年段的学生。场地可根据阅读内容安排在教室、学校阅览室、校外图书馆等。课程实施前精选各类书目作为阅读材料和教学资源。

实施过程如下：

（一）准备与落实

为了落实责任，使工作更好地开展，并考虑活动过程的需要，组建课程领导小组，设立组长，组员是各班班主任和语文老师。

（二）氛围与浸润

为了给学生创造可随时取阅的便捷读书环境，活动开展时，各班建立图书角，摆放多种类型的书刊，激起学生阅读的兴趣，使学生愿意读书、喜欢读书。

本着自愿的原则，图书角的书由学生自购或捐赠（自购或捐赠老师推荐阅读的书籍）。并委派班里负责任的同学担任图书管理员，管理好图书。

（三）共读与实践

1. 四月一开始就开展"一日三读"活动

（1）晨读：早读前自由读励志、教育、孝敬、友善、节俭、诚信等方面的书目。

（2）午读：每周三午读读《弟子规》、《论语》。

（3）亲子共读：学生回到家里，和家长一起读书。读书主题为励志、教育、孝敬、友善、节俭、诚信等。

四月底每位孩子上交一份"亲子共读，同享快乐"反馈表。

"亲子共读，同享快乐"反馈表

班级：	学生姓名：		家长姓名：
阅读书目：			
读后感想：			

2. 图书馆开放借阅

为了有效发挥学校图书馆的作用，让每个学生都能多读书、读好书，中年段学生每周下午有一节读书课。具体时间由班主任定，班主任带领学生到图书馆看书。

3. 参与读书实践活动

（1）每个学生在老师或家长的帮助下，制作读书手抄报。内容以读后感和好书推荐为主。每学期每人上交一份手抄报。以班级为单位，上交 10 份质量较高的手抄报，于四月底参加学校的手抄报比赛。

（2）开展朗读比赛活动。主要以朗读教材为主。每班抽查 5 个学生，评选出朗读小明星和朗读优秀班级。此活动在四月中下旬举行。

（3）四月底评选出书香班级、读书小明星，并颁发奖状，激发学生的读书热情。

五、课程评价

本课程的评价以评选性评价及激励性评价为主，旨在让孩子们养成读书的习惯。四月份将会根据不同的评价维度开展各类评选活动，具体操作方法及评价标准如下：

(一) "晨读、午读"评选活动

班级中以小组为单位,晨读、午读带读员根据各个小组朗读情况打分,满分为

具体评价标准如下:

1. 声音响亮,整齐。

2. 做到普通话语音语调标准。不错字;不丢字;不添字。

3. 停顿适当,节奏分明,有一定语感。

4. 能根据自己的理解,用恰当的语气读出感情。

(二) "读书手抄报"评选活动

四月下旬,学生以"我读书,读好书"为主题,搜集与读书有关的资料如有关读书的名言,撰写心得体会、好书推荐等,并精心设计一份 A4 纸大的手抄报,然后利用班级宣传栏展示手抄报,每位学生可利用课余时间进行欣赏、学习。每份手抄报下将会设置"点赞栏",每位孩子都可以在自己最喜欢的手抄报下进行"点赞"。老师将引导孩子从内容、版面设计、画面色彩等方面进行评价。最后根据"赞"的数量进行评选,票数最高的前 10 名将被推荐参加年级手抄报比赛。在年级手抄报作品评选中获一、二、三等奖的将颁发奖状,以资鼓励。具体评价标准如下:

1. 内容健康,积极向上,主题突出。

2. 内容占整个版面比例达到百分之六十以上。

3. 文章流畅,字迹工整。

4. 手抄报的名称贴切,版面设计新颖,有创意。图文并茂,整体效果好。

(三) 朗读比赛

各班四月中旬在班级评比的基础上推选两名代表参加学校朗读比赛。朗读的内容是教材中的课文。朗读形式自定,朗读时间在四分钟以内。要求脱稿朗读,能配音乐最好。按 1:2:3 的比例设定一、二、三等奖人数,并颁发"朗读比赛"奖状。

具体评分标准如下:

朗读比赛评分表

		评分内容								
班级	姓名	正确(40分)			流利(30分)			有感情(30分)		
		字音准 (20分)	不丢字 (10分)	不添字 (10分)	不倒读 (10分)	不唱读 (10分)	不破读 (10分)	停顿 适当 (10分)	语调 生动 (10分)	态度 大方 (10分)

（课程开发者：李玉娇）

第五节 "I can read beautifully"

语言因韵律充满魅力,如何带领孩子感受英语的韵律美？

本课程适用对象：中年段

一、课程背景

英文朗读(read loudly and clearly)即运用重音、节奏、语调等语音手段把语言材料中的思想感情表达出来,清晰响亮地把词汇、句子、文章等语言文字材料念出来。朗读具有视觉上的元素,它要求朗读者仔细看着语言材料;又具有口语(表达上)的元素,朗读者大脑想着其发音,然后专注地念出其声。

目前课堂学习缺少充足的时间让孩子们精心地朗读,草草的朗读缺乏情感的体验和传达,孩子们也难以感受到英语语言的优美,因此孩子们对英文学习的热情不高,兴趣不浓。再者,我校主要生源是外来务工人员子女,绝大多数学生缺少家庭英语学习的支持和氛围,导致学生发音不准,难以用正确的语音语调朗读英文文本。针对我校学生的基本情况,急需提升学生的语言感知能力和口语表达能力。我校三年级的孩子,经过一、二年级的攀登口语学习,通过对歌曲童谣的歌唱

文朗读,持续巩固学生积累起来的学习热情,潜移默化、由内至外地提升英文的口语表达能力,进而提升英文综合能力。

本课程的理念是:朗读美文经典,品味语言之美。诵读经典具有益智开慧、增长能力;启迪心灵、优化人格;提升气质、体验文化的作用。我们希望,通过朗读各类型美文经典文字,包括经典绘本、短篇故事、优美诗歌、短篇美文等,帮助学生掌握朗读技巧,品味英文语音之美。

二、课程目标

1. 掌握英文基础语音知识,如弱读、连读、升降调等,提高英文朗读能力;
2. 通过朗读美文,增加语言口语输入,提升英文口语表达能力;
3. 通过朗读经典文字,感受英文语言之美,提高英文学习兴趣。

三、课程内容

本课程以"朗读美文,悟语言美"为主题,从基础知识到朗读技能循序渐进提高学生的英文美文朗读能力,根据这个主题内容主要分为以下三个模块:

(一) 自然拼读

英语自然拼读法通过直接学习 26 个字母及字母组合在单词中的发音规则,建立字母及字母组合与发音的联系,让学生在轻松愉快的氛围中,在了解音素、音节的基础上,了解和学习英语字母发音的奥妙,学会划分单词的音节构成,并组合音素进行单词的自然拼读,掌握英语拼读规律,从而达到见词能读的学习目标。

(二) 英文基础语音知识学习

教师讲授英文基础语音知识,内容包括:字母、单词的重音,连读、重读、弱读、

升降调,元音字母在重读音节中的读音、常见的元音字母组合在重读音节中的读音、常见的辅音字母组合在单词中的基本读音、辅音连缀的读音。

(三)朗读经典

在掌握相关语音基础知识和自然拼读法之后大胆朗读英文经典文本,以绘本、小诗和小故事为主。如:名家经典 Eric Carl 经典之作、名家经典廖彩杏书单推荐作品 *We're going on a bear-hunt*。

四、课程实施

课程实施时间是每个学期的早午读,由各班的英文老师负责,使用相关教学资料,前5周时间教授本班学生基础语音知识和自然拼读规则,余下的时间将语音知识和自然拼读规则融入到经典文本的朗读中,将理论知识运用到实践,在实践中检验语音知识的掌握情况。实施的方法如下:

(一)资源学习法

通过相关教学材料如语音知识和自然拼读规则的小文本,并选取适合我校学生英文水平的英文经典文本,编成"我们的英文读本"(Our reading book)。根据教学材料进行英文美文朗读。

(二)朗诵体验法

围绕课程内容选取适合学生朗诵的作品进行朗诵。在教学过程中,老师先示范朗诵接着教给学生朗诵的方法,学生根据老师的方法尝试练习朗诵,老师根据学生的朗诵情况及时进行反馈,从而提高学生的朗诵水平。

五、课程评价

英文美文朗读课程注重过程性评价和总结性评价相结合,评价主体为学生和老师。在过程性评价中,采用荣耀榜式评价。在总结性评价中,采用小达人式评价,教师通过与学生一对一口语测试的方式获取学生该课程的学习成果,并口等级制(分为 A、B、C、D 四个等级)给予学生相应评分。具体的评价方法如下:

(一)荣耀榜式评价

主要是在每一周的学习过程中对学生学习进行反馈,检查学生的语音知识和学习成果、学习兴趣等,使学生能够及时调整自己的学习。从而能起到达到更好的学习效果的作用。

I can read beautifully 我可以得到多少颗星星? ☆(最低 1 颗星,最高 5 颗星)			
学生姓名: 任教老师:			
	评价内容	自我评价	教师评价
语音知识	了解并能运用基本语音知识进行朗读(重读、弱读、升降调等)		
	学会并能运用自然拼读规则拼读生词		
学习成果	发音正确,语音语调标准规范		
	敢在同学面前朗读,大方自信		
	朗读有感情、有激情,有表现力		
	朗读准确无误、无增减内容		
	朗读时仪态自然、落落大方		
学习兴趣	愿意在完成作业后,课后花时间朗读		
	对朗读感兴趣,并愿意继续学习更多的朗读知识		
总评	共获得:_____ ☆		

(二)小达人式评价

在学期快结束时举行朗读小达人活动,全面考察学生的综合能力和一个学期的学习成效,从不同维度给学生评分。

评价维度	维度要求	教师评分
A	能熟练认读单词、句子和文段,语音语调好,富有感情。	
B	能正确认读单词、句子和文段,语音语调较好。	
C	能根据教师提示正确朗读单词、句子和文段,语音语调准确。	
D	几乎无法认读单词和句子。	

在学生测试所得相应等级方框里打钩。

(课程开发者:郭泽婉)

第六节 我型我 show

自信之人,言语铿锵,神态从容,应变灵活。如何在英语教学过程中搭建舞台,让孩子绽放光芒?

本课程适用对象: 低年段

一、课程背景

在小学英语教学中,课堂表演独具魅力,它是教学获得成功的一条捷径。它是学习者对语言进行深层次内化的过程,需要以理解为前提,通过表演的形式再现出来。实践证明,英语教学采取反复机械操练的模式并不能有效地培养学生运用语言的能力,尤其不利于培养学生的学习兴趣。因此我校提出并构建了"我型我 show"课程。而我校刚好引进了"攀登英语"这个实验项目,"攀登英语"倡导的是快乐学习,引导学生"想说,会说,会合作",极好地为此课程提供了素材。

现代教育心理学研究表明,在教学中学生同伴间的互动学习,可以提高学生学习成绩、社交能力、改善人际关系以及形成良好的情意品质。而短剧表演作为英语教学的一种口语活动,是学生之间互动学习的良好平台。短剧表演素材可以是学生课堂所学的歌曲和短文,也可以是利用主要句型,学生自己创作的小短剧。

广州版的小学英语教材对口语交际能力的培养非常重视,如每单元中的"Let's

~~~~~~~~~~~~~"都选择了一些交际性较强的句型,为我们进行短剧表演创造

了有利条件。

本课程的理念是:**快乐 ABC,演绎我风采。**通过脍炙人口的英语童谣和故事
牢牢牵住孩子们的心,表演过程中学生需要合作、表达、创作、思考和扮演,这对学
生非智力因素的开发和培养大有裨益。这些活动既有吸引力,又有挑战性,学生
往往以积极的态度去体验参与,不仅培养了他们的自主学习能力和创新精神,而
且能满足小学生的表演欲,从而增强了学生学习英语的兴趣和自信心。

二、课程目标

1. 在语言训练中提升英语语感和语言的综合应用能力,增强主动学习、参与、
思考、分享的意识,感受英语表演的魅力;
2. 掌握基本的舞台表演知识,体验表演过程,提高舞台表演能力与审美能力。

三、课程内容

本课程以"培养学习英语的兴趣,提高英语思维能力,丰富校园生活"为主题,
内容分为三个模块:

(一) 歌曲童谣表演

本部分通过对英文歌曲"Apple round"、"Apple red"、"Seasons"、"Weekdays"
等的学习、演唱及对相关知识的了解,使孩子能准确、熟练、有感情地演唱英文歌
曲,并提高英语学习质量,最后展示成果。(学习材料:攀登英语教材中的"songs
and chants")

(二) 故事表演

本部分旨在通过学习英语剧本脚本如:*Breakfast*、*My dad*、*Where is baby*
等,了解故事大意及相关语言知识,了解中英文化异同。最后展示成果,积累表演

经验(学习材料：攀登英语教材中的"everyday English")。

（三）再创故事表演

再创故事以《英语绘本故事》教材所学的"story"部分为基础,指导学生进行故事新编,也可以是为这个故事作铺垫,也可以是充实和丰富这个故事的情节,也可以是对这个故事的结尾进行续写等等。

四、课程实施

每个星期安排一个课时。在期末前通过活动课或比赛的方式在各班教室进行成果展示。实施的教学方法如下：

（一）鉴赏与演唱

通过鉴赏、视听英语儿歌或童谣,引导学生学习歌词、台词,并组织学生进行歌曲演唱排练,以英语歌曲演唱比赛的形式,展示学生的学习成果。

（二）学习与表演

在故事表演部分,教师指导学生进行故事学习与台词背诵;让学生相互配合,加上肢体语言与动作,进行排练,并挑选合适的背景音乐。最后各班派代表进行短剧表演。

（三）深化与再创

在再创故事表演部分,教师引导学生根据教材中的故事重新创作,形成新的文本故事。并指导学生进行故事学习与台词背诵,让学生相互配合,配上肢体语言与动作,进行排练,并且配上合适的背景音乐。最后各班派代表进行短剧表演。

五、课程评价

本课程坚持过程性评价与形成性评价相结合的原则,重结果,更重过程,充分

发挥学生的积极性与主体性,从而使学生更加大胆地展示自己的独特的风采。具体的评价方法如下:

(一) 展示性评价

在平时的学习中主要通过学生上课时的展示表演来进行评价,让孩子们在学习过程中能够及时得到老师的反馈,增强学习的自信心。

(二) 评选性评价

在课程快要结束时,开展"表演之星"评选活动对学生的成果展示进行评分,并最终评出特等奖、一等奖、二等奖、三等奖若干名,颁发荣誉证书和奖品。

在评价标准方面充分考量学生的赛前准备、赛中表现和赛后收获。具体评价标准如下:

评分标准	评价细则	非常满意	比较满意	一般	待改进
故事主题 (10分)	突出主题、有创意性	9—10分	8分	6—7分	4—5分
语言水平 (30分)	发音清楚正确、语音语调自然流利	27—30分	24—26分	18—23分	15—17分
表演技巧 (30分)	大方自然、表情丰富;有戏剧(夸张)效果;有一定的创造性和发挥	27—30分	24—26分	18—23分	15—17分
舞台效果 (20分)	运用一定的服装和道具、配音效果好	18—20分	16—17分	12—15分	10—11分
综合效果 (10分)	演员相互配合性、默契度高;观众的反应佳	9—10分	8分	6—7分	4—5分

最后七位评委给每个小组评分,去掉一个最高分和一个最低分,取平均分。

	成绩1	成绩2	成绩3	成绩4	成绩5	成绩6	成绩7	平均分
1组								
2组								
3组								
……								

（课程开发者：郑卓芬）

第七节　小小英语口语之星

你一言,我一语,架起一座沟通桥梁。如何引领孩子在口语交流中搭建一座横跨中外文化的桥梁呢?

本课程适用对象: 低年段

一、课程背景

社会生活的信息化和经济的全球化,使英语的重要性日益突出。英语作为最重要的信息载体之一,已成为人类生活各个领域中使用最广泛的语言。许多国家在基础教育的发展战略中,都把英语作为公民素质教育的重要组成部分,并将其摆在突出的地位。

现阶段的小学英语教学方法大多是以教材为基准,跟着教材进行教学,将每一个知识点安排到相关课堂教学中,这样的以语言知识教学为主的教学方法,主要是注重语言知识的讲解,一定程度上忽略了对学生口语交际能力的培养。新港小学学生大部分都是外来务工子女,大部分孩子的父母都不会说英语,学生缺少良好的语言环境,不利于提高英语口语能力。本课程目的是激发学生学习英语的兴趣,培养他们学习英语的积极态度,使他们初步建立学习英语的自信心,培养一定的语感和良好的语音,语调。为激发学生学习英语的兴趣,提高学生英语语言运用的能力,我校聘请外教进行口语教学。我校选择的外教多来自英国和美国,他们的母语是英语,而且拥有一定教学经验,因此,孩子们能接触到较为纯正的英语。此外,课程采取全英文授课,与外教面对面的交流,能够提高孩子们的英语口语水平。我校在小学阶段实施的外教口语课程强调从学生的学习兴趣、生活经验和认知水平出发,倡导体验、实践、参与、合作与交流的学习方式和任务型的教学途径,发展学生的综合语言运用能力,使语言学习的过程成为学生形成积极的情感态度,主动思维和大胆实践,提高跨文化意识和自主学习能力的过程。

本课程的理念是：体验说英语之乐。本课程教学内容贴近学生的实际生活，注重创设真实的情景，在情景中进行对话、学习，注重激发学生对英语学习的兴趣，促进学生的身心健康、和谐发展。通过自我介绍，演唱英文歌曲，情景对话，演绎故事等方式，鼓励学生大胆说英语，点燃他们说英语的自信心并体验说英语的快乐。在小组活动中，学生进行平等的交流，思维的碰撞，体验分享的快乐。同时，在学习的过程中养成良好的学习习惯，形成有效的学习策略，增强表达的欲望。

二、课程目标

1. 掌握一些简单的单词和日常用语，进行简单的日常对话，能够演唱一些英文歌曲，chant，表演英文故事等；
2. 感受学习英语的乐趣，树立敢于说英语的自信心；
3. 体验小组合作和分享的乐趣，享受思维的碰撞，增强表达的欲望。

三、课程内容

本课程以"贴近生活，大胆口语"为主题，根据课程内容，本课程包括以下五个模块：自我介绍、演唱歌曲、情景对话、表演故事，游戏英语。

（一）自我介绍
掌握自我介绍的基本句型。如 Hello/Hi，I'm.../my name is...，I'm... I like...

（二）演唱歌曲
演唱一些英文歌曲，如"Hi, Hello, what's your name?"，"Ten little cats"，"Finger Family"，"This is my room"，"Rainbow"，"Take a ride on bus"等。

（三）情景对话
在情境中，学生用英文进行对话，例如学习"How are you? I'm..."这个句型。教师设置情境，并给予学生一定的模板去练习。

情景：某天早上，两位同学上学路上遇到了，问候对方。

例如：

A：Good morning,...

B：Good morning,...

A：How are you?

B：I'm fine, and you?

A：I'm fine too.

B：Let's go to school.

A：OK.

（四）表演故事

小组合作表演课本上的"Story Time"部分的故事。

（五）游戏英语

体验一些有利于学习知识的游戏。例如：在学习"Is it...in/on/under...?"这个句型时，可以设计找东西的游戏。再比如，根据别人的描述，运用"I like.../I don't like..."这个句型猜测是班上的哪位同学。

四、课程实施

本课程的实施落实到每周的外教口语课中，学校每学期利用班会在班级教室开展 8 节外教课，同时每个月会在校内举行比赛。实施的教学方法如下：

（一）点拨法

课堂上教师采用点拨教学法进行教学，引导学生学习单词和短语，并创设情境让学生在情境中进行对话，发展学生的口语表达能力，调动学生的积极性。

（二）合作学习法

根据学生的年龄特征，本课程采用小组合作学习法，在课堂上学生以四人为一组,在教师的指导下在四人小组内相互学习,通过相互学习提高各学生的英语能力,每个孩子都有机会开口说英语,同时锻炼学生合作的能力。

(三) 比赛指导法

为了让学生能够在校内比赛中取得优异的成绩,老师会利用一段时间指导学生,做好怎样的准备,怎样更好地迎接学校的比赛。

五、课程评价

本课程坚持过程性评价与形成性评价相结合的原则,形成性评价采用积分制评价方法,总结性评价采取赛事性评价的方法。具体的评价方法如下:

(一) 积分制评价

教师每堂课都会给学生一张"小小英语口语之星"的表格,通过教师奖励和小组奖励,每位学生算出自己得到的星星,星星最多的前五位可以获得奖励。此外,学校每学期会选出星星最多的前五位学生,授予"口语之星"称号。

小小英语口语之星			
我获得的星星 ☆			
学生姓名:		小组组名:	
评价内容	老师的奖励	小组的奖励	我得到的星星
1. 认真聆听老师讲课,表达自己的想法。			
2. 在小组合作中主动交流,乐于分享。			
3. 积极举手分享,语言流利、清晰,大胆自信。			
4. 课后积极表演给家人、同学等观看。			
5. 能用心倾听伙伴们的分享,获得新的启发。			
我的收获:			
老师寄语:			

（二）赛事性评价

第一阶段：初赛。由本班的英语老师在班里组织进行。全体学生参加，参赛内容自选，形式自定，每班选出一个节目参加决赛。

第二阶段：决赛。节目比赛顺序由赛前抽签决定，比赛按照节目成绩设一、二等奖。

评分标准：

1. 歌曲演唱完整流畅，无唱错、重唱、变调或停顿等现象。（20分）

2. 能准确把握歌曲的旋律，音高音准要唱到位，要体现歌曲的演唱感情。（20分）

3. 服装整洁、大方、美观，精神饱满，姿态得体大方。（20分）

4. 演唱时的表情、动作和歌曲要搭配；合唱的配合形式，要能体现出集体合作精神。（20分）

5. 道具整体实用美观，舞台效果好。（20分）

（课程开发者：袁丹）

第八节　畅读英语绘本

沉浸多彩的故事，感受英文之美，体验故事趣味，顿悟生活哲理。如何在畅读英语绘本的过程中，为孩子插上隐形的翅膀？

本课程适用对象：高年段

一、课程背景

绘本，相对应的英文单词是"picture book"，是用图画与文字共同叙述一个故事，表达特定情感和主题的读本，也是通过图画和文字两种媒介，在不同向度上的交织来说故事的一门艺术。被誉为"图画书之父"的松居直用简单的数学公式将绘本的特征呈现出来："文＋图＝有插画的书，文×图＝图画书"。绘本是一种特殊的图书种类，它以图文并茂的形式带给学生全新的阅读体验，与传统的阅读作品相比，其优势显而易见。

在我校低年段开展的绘本阅读教学活动中，学生已经取得了一定的成果，积累了一定的经验。进入高年段，孩子们可以不借助或少量借助语音知识进行意图阅读，阅读速度较低年级有明显的提高。其次，小学高年级学生英语阅读信息加工和处理能力有所提高，思维特点以形象思维、抽象思维为主，语法知识也有一定的基础，所以对绘本式的阅读兴趣更大。再次，高年段学生已经感受到较大的学习竞争压力，情绪变化较大，在注意力方面，学生对阅读色彩丰富、造型生动的材料兴趣较大。这为我们深入开展小学高年段绘本教学活动创造了有利条件。

本课程的理念是：与书为友，自主阅读。绘本对学生的视觉震撼比文字效果更为直接。绘本主要以图画为主，丰富多彩的图画让学生在阅读文字时觉得更简单。世界各国制作精良的大师级的绘本，图画精美，构图配色独特，能给学生带来视觉上的愉悦，无形中吸引着学生，也丰富了学生的想象力，进而激发他们的创造力。通过小小的绘本，学生搜集信息，认知世界，发展思维，获得审美体验，拓展阅读视野，享受阅读快乐。

二、课程目标

1. 在课外进行绘本阅读，能够在阅读后与他人分享阅读心得体会；
2. 掌握绘本中出现的词汇、语法并有意识地积累；
3. 根据图片、文字阅读猜测信息，预测故事发展，能够结合自身所学、搜索的资料进行思考形成自身的判断。

三、课程内容

本课程以"与绘本对话"为主题。根据绘本阅读的授课目标，从学生学习的角度设计课堂教学，把课程内容分为每日一诵、绘本故事呈现、阅读与分享三个模块。

（一）每日一诵

根据绘本内容及两个年级学生的特点，选择相关的绘本进行课前延伸阅读，如 *Magic Tree House*（神奇树屋）、*My weird school*（疯狂学校）、*Junie B. Jones*（朱尼·琼斯系列）等，引导学生进行封面阅读、视频赏析等准备活动，激发学生的学习积极性，让每个学生都迫不及待地想要了解绘本的内容，主动地进行绘本阅读。

（二）绘本故事呈现

教师通过多媒体或其他教具，做好绘本故事的整体输入，学生阅读相关绘本如 Cam Jansen 系列侦探故事，*Horrid Henry*（淘气的亨利）、*A to Z Mysteries*（神秘案件）等。让学生以自读的内容为基础，了解图片顺序、逻辑关系，了解整个故事的梗概，而后基于整体了解故事情节、人物关系，再进行分段精读，逐步读懂每段主要内容。

（三）阅读与分享

阅读相关绘本如 *Ready Freddy*（弗雷迪系列）、*Geronimo Stilton*（老鼠记者）等，引导学生在了解整个故事之后，用自己的语言复述故事大意，表达自己的观点；在小组内学生可通过角色扮演梳理故事发展情节，并分享自己的感受与心得。

四、课程实施

绘本阅读课程结合广州版小学英语教材的编排构架，以主题为线索做具体安排。本课程每周设置一个课时，每两个课时进行一本绘本阅读。实施的教学方法如下：

（一）资源学习法

利用多媒体或其他教具，教师做好绘本故事的整体输入，引导学生自读，让学生以自读的内容为基础,了解图片顺序逻辑关系,了解整个故事的梗概,而后基于整体了解故事集情节、人物关系。

(二)分享交流法
老师引导学生发挥想象力,用自己的话复述故事,表达自己的所思所想。

(三)角色扮演法
老师和学生一起进行绘本的角色扮演,进一步感受故事情节。

(四)绘本创编法
以绘本内容为原型,每个小组进行绘本创编,制作出属于本班独一无二的绘本。

五、课程评价

绘本课程坚持过程性评价与结果性评价相结合的原则,重结果更重过程。评价始终以学生为主体,发展性评价与激励性评价相结合,从多维度进行评价。具体的评价方法如下:

(一)展示性评价
在平时的学习中主要通过学生上课时的展示表演来进行评价,让孩子们在学习过程中能够及时得到老师的反馈,增强学习的自信心。

(二)荣耀榜式评价
在课程快要结束时采用荣耀榜式评价,综合反映学生的学习情况,从多方面多维度考察学生。主要评出"Super Reader"、"Super Actor"、"Super Writer"奖若干名,并颁发荣誉证书和奖品。在评价标准方面充分考查学生的读前准备、读中思考和读后分享情况,具体评价标准如下:

	评价等级			获奖名单		
评价项目	A	B	C	自评	小组评	老师评
Super Reader	能够有感情地朗读绘本内容，语言流利，表现积极。	能在老师的帮助下有感情地朗读绘本内容，表现积极。	在老师的帮助下不能很好地朗读绘本内容，表现不够积极。			
Super Actor	在英语绘本角色表演中，表情自然，语音语调优美，模仿力强，表现积极。	在英语绘本角色扮演中，表情自然，语音语调较优美。	在英语绘本角色演中，语音语调不够优美，表现不积极。			
Super Writer	能够运用简单的句子说出绘本故事的具体情节，语言流利，表现积极。	能在教师帮助下，运用简单的句子说出绘本故事的具体情节，表现较积极。	不能够运用简单的句子说出绘本故事中的具体情节，表现不够积极。			

（课程开发者：罗辉婷）

第三章

百步达美，走在芳香四溢的小路里

美，往往追求一种生命的律动，在形式里寄托着情感。一幅书法作品，其"字"能成为反映生命的艺术；一幅画，运用合理的空间布局，传达出抚爱万物的理念；一个陶器，通过形态与纹理的处理，会暗含不同的心理感受。艺术的世界里，孩子们在此间学习与浸润，身心便会得到进一步成长。

美是生命里最不可或缺的组成部分。美就在我们生活的四周,孩子们虽然拥有一双明亮单纯的双眼,但他们却不能有意识地发现和注意美的存在。在中国的审美世界里,往往会追求艺术与心性心情相吻合,如追求水墨画留白与想象力相提点,追求剪纸与生活民俗相点缀。艺术的美,在这个国家里遍地开花,它会影响到人们的性情,价值观等各个方面。所以,每个孩子都应该要有会发现美的眼睛,这就需要培养他们的审美能力。审美的发展往往需要一个过程,在学校里,应该给孩子们提供足够的课程,让他们能亲身参与,亲身感受。因此,我们学校开设"百步达美"的课程,便是希望孩子们像走在芳香四溢的小路里,能有意识地发现四周的美,慢慢提高自己的审美能力,一路上笑语盈盈地快乐成长。

美是自然的,灵性的。在桃花源般的校园环境里,长廊萦绕,鱼戏莲叶,流水淙淙,孩子们在此间长大,耳濡目染的景象是欧式的教学楼,小憩惬意的凉亭,以及小溪边传来的阵阵蛙鸣,仿佛是一幅童话世界的画卷。学校所提倡的"旭日之美"——灵于艺,便强调了审美对于孩子成长的重要性。众里寻他千百度,校园的美散落在各个角落,墙上贴着风格迥异的书法作品,楼梯间摆着琳琅满目的美术作品,不需要蓦然回首,便能收获无穷无尽的美。孩子们总爱驻足于校园的每个角落,仿佛是宝马雕车香满路,因为孩子们正在享受着孕育其间的美。在这样一个有着无穷乐趣的校园环境里,孩子们在潜移默化中追求美好事物,积极参与各类艺术活动,找寻艺术所带来的乐趣,不断地丰富自己的内心小世界。

美是多样的,全方位的。"百步达美",是学校百步课程中的六大分支之一,是培养孩子艺术与审美的课程的集合,学校希望孩子所接触的艺术是全方位的,以便最大限度地提高孩子审美的境界,从起收有度的书法,到曼舞流转的音乐、惟妙惟肖的剪纸,再到造型独特的陶艺等。其中,因为课程的学习要求不同,所以,我们根据课程的学习要求,把"百步达美"中课程分为三大类。

一是学习与传承,对应的是"翰墨飘香"、"巧手剪纸"、"彩陶轩"等系列课程。这类课程,孩子们只有在学习了较长的一段时间后,才会慢慢地揭开艺术的面纱,逐步地感受到艺术的魅力。同时,孩子们在学习这类课程的时候,会不断地受到良好的中华民族精神的熏陶,渐渐地成长为一棵枝繁叶茂的参天大树。

二是参与和展现,对应的是"合唱节"、"我是新小好声音"等系列课程。这类课程最主要的特点是借助比赛的方式来让孩子们参与其中。舞台对于孩子们,仿佛是一座成长之桥,踏上阶梯,提高自己的能力,仿佛是一片沙滩,在其间留下足迹,捡获得失,串成项链,进一步激发学习热情。

三是观察与探究,对应的是"妙笔生花"、"芭蕾舞"、"走进画家"等系列走进类课程以及"儿童剧欣赏"等一系列欣赏类课程。这类课程的学习强调孩子们的观察能力,学会留意生活中的美。同时,独木不成林,该类课程也注重培养孩子们的合作能力。学校提供一个桃花源般的环境,既给他们一个美丽恬静的校园环境供孩子们进行画画上的观察和创作,同时也给他们一个舒适自由的课堂环境,让每个孩子们的观点,就像涓涓细流,在讨论的声浪中,在汇聚的过程里,最后变成一片大海。

美是客观的,隐秘的。美的存在有时就像苏州的园林,庭院深深深几许,到处有景,处处都美,但有时又像云深不知处,特别是小学的孩子,对美的感受能力并不强。因此,便需要学校安排课程来发展孩子对美的感受力,学校根据课程本身的特点,选择了恰当的课程实施方式,利用课堂学习、比赛竞演等方式让孩子能在参与的过程中,发展自己的审美能力。

"翰墨飘香"、"芭蕾舞"、"巧手剪纸"、"彩陶轩"这类课程会每周安排一节课的时间,专门用来让孩子们较为系统地进行学习,从最基础的东西学起,一步一个脚印,慢慢地发展自己的能力,搭建起属于自己的小小艺术世界。

"合唱节"和"新小好声音"系列课程则是由学校提供歌唱平台,让学生在全校师生面前展示,从而激发学生的积极性。同时,"合唱节"这一校园节日要求的是全班齐参与,评价涉及到自主选曲、服饰安排、精神面貌、形式展现等方方面面,很容易地便会在学校形成一种积极向上的艺术氛围。

"妙笔生花"、"走进画家"等一系列走进类课程以及"儿童剧欣赏"等一系列欣赏类课程的实施主要是通过举办活动的形式。因为活动的举办会极大地激发孩子们学习的热情,从老师的引导,到个人的自由发挥,到最后组成学习小组进行探索。学校相当于把舞台完全交给孩子,让孩子们自由发挥。而每一次小组合作后的收获,都会化成他们前行的内在力量,都会变为他们成长长廊上的一幅幅图画,激励着他们不断地勇往直前。

总之,"百步达美"的课程,就是为了让孩子接触多种艺术门类,从而学会在生活中发现美,感受美,提高自己的审美能力,像是走在芳香四溢的小路里,开心愉悦地成长起来。

(撰稿者:黄宇洋)

第一节　翰墨学堂

书法,中华的特有之美,线的灵动艺术,如何在增强文化认同感的同时,提升孩子的审美感受能力?

本课程适用对象: 一年级

一、课程背景

文字是一个国家和民族的象征,更是一个国家和民族文化的精髓,汉字的文化意蕴从古传承至今,中国是世界上唯一一个文字没有中断的国家。在互联网技术和外来文化不断冲击本民族文化的今天,我们有责任和义务从文字学和书法的角度传承中华民族的文字。

随着中国经济的高速发展,许多国家愿意深入了解中国文化,而汉字是了解中国文化很好的窗口。我们不仅要在身份上能向外国友人证明我们是中国人,更要在文化层面证明我们是中国人。在与外国友人交流中华文化时,我们能说清楚中国汉字的内在意蕴并美观书写汉字便是最好的证明。都说民族的才是世界的,我们自身具有的丰厚的中华文化底蕴,便是向外界宣传中国最好的名片。

中国书法具有审美功能、实用功能和德育功能。从审美功能讲,汉字造型千变万化，或品字形，或扁方形，或左低右高，或上宽下窄，书写风格各具特色，或飘逸，或沉着，或灵秀，或稚拙；从实用功能讲，汉字能记载时事，传递信息；从德育功能讲，每个汉字都有一个造字故事，凝聚了古人的智慧，譬如习字，其含义为鸟多次练习飞翔，与人类学习同理，教育我们学习是个反复的过程。小学生学习书法能够培养学生的静气，在长久的熏陶中了解中华文化的深层含义，认同本民族文化，做文化的传承者，并且达到修身养性的目的。

小学书法课程应具有文化性，实用性，审美性及德育性。**本课程的理念是：腹有诗书翰墨根。**新港小学开设书法课程多年，长期聘请优秀教师来校授课，有自己专业的书法室和配套的教学工具，为学生学习书法提供便利的条件。我们希望在每个孩子身上打下中国文化的烙印，受中国优秀传统思想的熏陶，唤起孩子们对中华文化的热爱，从骨子里做一个真正的中国人。并且通过这门课程的学习掌握文字知识，正确规范书写汉字，达到端庄大方的书写效果。

二、课程目标

1. 体验书写过程的乐趣，对书法产生浓厚的兴趣；
2. 了解书法名家故事并掌握书法的基本笔画；
3. 养成良好的握笔姿势、坐姿和书写习惯。

三、课程内容

针对一年级学生的身心特点，本课程主要以掌握硬笔书法基本笔法、培养良好的书写习惯为宗旨。基本笔画学习部分，主要通过汉字的书写达到运用基本笔画的目的，学习内容上前后承接，以新学巩固旧学。根据汉字基本笔画的八种类型，分为八个模块：

（一）横画
横画包括短横和长横，例字：一、二、三。

（二）竖画

竖画包括短竖、垂露竖、悬针竖，例字：工、王、丰。

（三）撇画

撇画包括平撇、立撇、斜撇、竖撇，例字：千、牛、在、升。

（四）点画

点画包括短点、长点、撇点，例字：下、六、平、头。

（五）捺画

捺画包括斜捺、平捺，例字：未、入、之、本。

（六）折画

折画包括横折、竖折、撇折、竖弯、横折弯、横折折撇，例字：口、自、白、日、田、山、区、医、云、去、车、四、西、酉、朵及。

（七）钩画

钩画包括竖钩、横钩、斜钩、卧钩、弯钩、横折钩、横斜钩、竖弯钩、横折弯钩、竖折弯钩，例字：寸、小、可、才、示、买、皮、欠、卖、戈、我、成、式、心、必、子、手、刀、习、飞、气、风、儿、龙、光、先、兄、允、九、凡、乙、乃、秀、马、与、考。

（八）提画

提画包括提、竖提，例字：虫、长、以、食、比、衣。

四、课程实施

本课程实施前要做好充分的准备工作，选取有代表性的例字进行讲解，同时例字的讲解与细说汉字部分要紧密结合，就例字讲文字学知识，让学生从外在与内在多方面地立体地认识汉字，感知汉字。

本课程以掌握书法书写技能为主旋律,以了解文字学知识、名家故事等为伴奏,共 20 课时,实施过程如下:

(一)细说汉字

讲解汉字字源,了解汉字造字的原理,内在意蕴,演变过程及古人的世界观,在这个过程中提高学生对汉字的感性认知。

(二)名家故事

教师与学生分享王羲之、苏轼、颜真卿、欧阳询等名家学习书法的故事,从而拉近学生与书法家的距离。学生课下搜集书法名家故事和同学进行分享,了解书法史上的趣事。

(三)书写技法讲授

书写技法是每节课的重点与难点,书写技法包括笔法、墨法、章法,教师要了解孩子的年龄及心理特征,采用生动形象的语言对书写方法进行解说,力求深入浅出。

(四)书写练习与指导

"纸上得来终觉浅,绝知此事要躬行",写好书法的另一要点即大量的练习,在练习中发现自身存在的不足,教师要在学生书写的过程中进行指导,及时提出修改意见。

(五)成果展示

成果展示包括课堂展示与期末汇展。课堂展示:每节课结束时,教师选出优秀习作进行展示,分析习作中存在的优点及不足,鼓励学生在互相学习中提高书写水平。期末汇展:举办书法展览,营造良好的书法氛围,给学生提供展示自我和书法交流的平台,从而提高自信心和书写兴趣。

五、课程评价

"翰墨学堂"课程在对学生进行评价时,注重整体性评价,对组成教学活动的各个方面作多角度、全方位的评价,不以偏概全;注重指导性评价,为学生以后的发展指明方向;坚持激励性评价,激发学生对书法的热爱。对一年级学生要及时进行评价并以激励性评价为主,激发学生学习的动力。

本课程将从随堂评价和期末创作评价两方面进行评价,具体操作如下:

(一)随堂评价

教师根据学生课堂表现及时进行评价,指出学生存在的优缺点,对学生的发展提出指导性意见。

具体评价标准如下:

1. 学生课前积极搜集资料。

2. 课上认真听课,积极回答问题。

3. 课上书写工整、卷面整洁。

(二)期末创作评价

期末举办书法比赛,通过这种方式检验学生的学习成果,可以起到激励作用。由学生自主选择内容进行书写创作,教师评选,设置一等奖 1 名、二等奖 2 名、三等奖 3 名、优秀奖 10 名。

具体评价标准如下:

1. 字迹工整、卷面整洁。

2. 结构合理,笔画书写精到。

3. 整体气息连贯、生动,富有表现力。

(课程开发者:王樱璇)

第二节　走近古典三杰

走进莫扎特、贝多芬和海顿的作品,让孩子与音乐巨匠对话,思考如何开启孩子的灵动世界?

本课程适用对象: 高年段

一、课程背景

"古典"是相对于"流行"而言的,这些音乐之所以经得起时间的考验,是因为能够引起不同时代听众的共鸣。音乐鉴赏力是一种由后天专门训练所获得的一种特殊能力。学生在大量接触古典音乐作品的基础上,特别是在老师的引导下精细鉴赏经典名作的过程中,便能培养这种特殊的能力,音乐鉴赏力能将我们带入音乐这一特殊的听觉艺术领域。

莫扎特、贝多芬、海顿是古典时期最著名的三大音乐家,分别具有"音乐神童"、"乐圣"、"交响乐之父"的美称,在古典音乐里具有举足轻重的地位。在传统的音乐课堂上,这些名家的作品均以碎片化的形式渗透在各册教材当中,孩子们似懂非懂,并无系统的认识和理解。本课程将训练学生对美的敏锐洞察能力,培养学生对听觉艺术的领悟能力,让学生收获丰富的情感体验和高层次的审美能力。

本课程秉持以下理念:走近名音乐家,开启灵动世界。学生通过本课程的学习,可以认识著名音乐家,提高音乐鉴赏力,由感知到认知进一步欣赏、享受名家名曲,开启听觉世界的大门,感受音乐家和古典音乐的双重魅力。

二、课程目标

1. 初步了解古典音乐名家,体验音乐家的个人魅力;

2. 体验艺术作品带来的视听享受,体会经典作品带来美的感受;

3. 经历分享和交流的过程,在讨论中获得启发和感染。

三、课程内容

本课程核心内容是在名作欣赏中开阔学生视野,以认识名家,了解名作为主题,共分为以下三个模块:

(一)音乐家小故事

故事内容是三大名家莫扎特、贝多芬、海顿以及其他音乐家的成长历程、求学道路、作品背后的小故事等,分为音乐家小故事一、小故事二……老师讲音乐家的故事,孩子仔细倾听、复述。

(二)钢琴曲欣赏

钢琴曲内容为三大家的代表作,如《土耳其进行曲》、《小星星》、《安魂曲》、《致爱丽丝》、《悲怆(第8号)奏鸣曲》、《月光奏鸣曲》、《暴风雨奏鸣曲》、《小夜曲》等。

(三)交响曲欣赏

交响曲内容为三大家的代表作,如莫扎特的《降E大调第三十九交响曲》、《g小调第四十交响曲》,贝多芬的第三《英雄交响曲》、第五《命运交响曲》、第六《田园交响曲》、第九《合唱交响曲》,海顿的《惊愕交响曲》、《告别交响曲》、《时钟交响曲》、《伦敦交响曲》等。

四、课程实施

本课程的着重点在于认识名家及认识名家作品两方面,共分为18个课时,通过以小组为单位,让学生自主收集材料为主,教师补充为辅,根据不同领域名家及其专业特点,制定不同的实施路径,具体方案如下:

（一）认识名家

学生以小组为单位收集名家资料,由组内代表对所收集内容进行介绍及展示。可引导学生从国籍或民族、家庭、生平事迹、专业特点、社会大背景等方面进行资料收集,同时,教师也准备一份详细的资料,以小故事分享的形式,让学生全方位地了解音乐家。

（二）作品欣赏

学生以原来的小组为单位,选择该名家具有代表性的作品（每组选一个）,进行实践性的欣赏,通过在还原作品的过程中,感受音乐的魅力,在实践过程中锻炼学生的观察能力和表现能力,活跃课堂气氛。

（三）分享与表达

每个小组向大家分享在小组合作过程中所遇到的问题和解决方案;每个小组选择一个认为最好的小组进行点评,并阐明原因。在交流中相互学习,学会倾听他人的意见,分析自己的优缺点。选择同领域内的其他一位名家,说说选择他的原因,并对其进行一个简单介绍及经典作品的展示（可以不自己亲自表演）。

通过以上两种分享,让学生回顾在小组协作过程中的感受,引导学生往积极的方向成长;让学生再寻找另一位感兴趣的名家,丰富课堂内容,拓宽学生视野。

五、课程评价

本课程主要采取纪实性评价。通过记录学生平时的课堂表现,在以下各项内容的打分,引导学生对自己的表现进行客观地分析与评价,把学生引领到老师的期望与要求中。

_____的评量记录

___年___班___号

等级	评价维度	注意事项
	1. 很好,表现优异	1. 稍有错误
	2. 有代表小组积极发言	2. 没有积极地举手发言
	3. 能以稳定的速度演讲	3. 演讲速度太快、太慢、断断续续
	4. 发言(朗诵、歌唱时)普通话发音标准	4. 发言(朗诵、歌唱时)普通话不够标准
	5. 身体放松,有很好的体态	5. 身体紧张,体态不够优美
	6. 能大方地展示自己的作品	6. 没有大方地展示自己的作品
	7. 能积极地参与表演	7. 没有积极地参与到表演中
	8. 能认真地倾听别人发言	8. 没有注意上台的礼貌、仪态
评等说明	A. 很好,表现优异 B. 很不错哦 C. 已经很努力了,继续加油 D. 未达标准,要继续加油	评语

(课程开发者:张丽茜、音乐组教师)

第三节　若拙轩

每一个孩子心中都有一座秘密花园,如何给孩子一个创意未来的空间,用泥巴打造自己的秘密花园?

本课程适用对象:高年段

一、课程背景

陶艺在生活中随处可见,其五花八门的样式,或圆滑朴实或棱角分明,都传达出"美"。同时,孩子们求知欲旺盛,情感简单热情,很容易便会全身心地投入其中,把自己的一些奇思妙想用在陶艺制作上。学校设有专门的陶艺室,为陶艺课程提供了优质的资源。

陶艺的制作,是一个动手操作实践的过程。从设计方案的制定,到选择材料、工具和造型,都需要先细心观察其他陶艺作品,接着亲手实践;在造型线条上,花纹和颜色的选择等,都透露出孩子独特的想法,内心潜意识的感受,制作陶艺的过程实际上就是对自我的一种肯定。因此,陶艺课程的开展是提高学生综合素质的有效途径。

鉴于陶艺课程所具有的实践性、艺术性、审美性,我们确立了该**课程的理念是:陶艺,美的呈现**。我们希望,孩子们在制作陶艺的过程中,都能表达出自己头脑里的奇思妙想、内心世界的丰富情感和对美的感悟。最后通过陶艺课程的学习,我们希望让孩子爱上这个艺术门类,在观察和制作中接受美的感染和熏陶,让自己的内心世界变得丰富多彩。

二、课程目标

1. 初步了解陶艺的制作过程,通过了解一些代表性的陶艺作品、著名陶艺艺术家和陶艺的发展历史,从而对陶艺产生兴趣;

2. 运用所学到的陶艺知识,同时结合自己的想法,动手制作陶艺作品,从而增强动手能力和想象能力;

3. 增强自主合作精神,在小组合作中学会互相鼓励。

三、课程内容

本课程以"陶艺,美的呈现"为主题,根据陶艺作品的主题分为人物类、动物类、生活用品类、自然类这四个类别,具体如下:

(一) 人物类

人物类的创作要点有面部表情、人物形态等,老师从旁演示和指导,孩子们仔细倾听并观察细节。

（二）动物类

动物类的创作,可分为常见动物与不常见动物这两类。老师通过图片展示,孩子们仔细观察,发挥自己的想象力。

（三）生活用品类

生活用品例如杯子、桌子、椅子等,老师可以不展示图片,鼓励孩子们观察四周的实物,自由创作。

（四）自然类

自然事物例如竹子、小桥、苹果等,老师可以通过实物的展示,让孩子们细心观察,再进行自由地创作。

四、课程实施

本课程共 10 课时,适合对象为高年段的学生。场地安排在学校的"若拙轩"。课程实施前会为孩子们准备必要的材料与工具。课程实施过程如下:

（一）文化熏陶

通过纪录片等方式来讲述陶艺的概念、分类、发展历史以及前景,孩子们通过认识一些重要的陶艺作品和陶艺工艺,增进对陶艺的认知,激起好奇心。

（二）点拨教学

在课堂上手把手传授孩子们制作黏土、上色和雕花纹等手艺,让孩子们参与基本的制作过程,达到更深一层地了解陶艺的制作工艺的目的。在掌握了这些基本制作陶艺的步骤后,让孩子们尝试制作一个简单的陶艺作品。

（三）自主学习

亲手制作一个做工完备的陶艺作品,通过自己的精雕细琢一步步地完成创作。让孩子参与陶艺制作的全部环节,可以让孩子们对制作较为精美的陶艺样品进行模仿制作,也可以让孩子们独立制作较为精美的陶艺作品,亲身感受陶艺的艺术魅力,增强文化底蕴。

(四)小组合作学习

老师可让孩子们进行小组合作,共同来完成一件陶艺作品,包括从最开始的选材、制作黏土,上色等步骤,以及最后的完工,全程由小组合作完成,让孩子们在合作探究学习中发展能力。

五、课程评价

评价的方式分为随堂式评价、寄语式评价、展示性评价三种,以老师的评价为主,引导孩子们正确地感受陶艺带来的美的享受和愉悦。具体的评价标准如下:

(一)随堂式评价

对孩子们的陶艺作品进行评价,同时结合孩子在陶艺课上的表现,以鼓励性的语言引导孩子们感受陶艺所带来的美的享受和学习陶艺时所带来的乐趣。

(二)寄语式评价

孩子之间互相写寄语,可以是一张小纸条,或者一张卡片。特别是在小组合作学习中,寄语式评价,有利于孩子们互相之间进行鼓励和学习。但有些孩子的技艺不成熟,做不出陶艺作品,老师也应尊重他们的水平,因材施教,可以利用寄语式评价,鼓励孩子们独特的审美观点,从而深入开发孩子们的艺术潜力。

(三)展示性评价

举办一次陶艺展览会。把孩子们精心制作的陶艺作品通过实物展览、照片展览的方式,展示给其他孩子或家长看,让孩子们的作品得到展示,从而增强孩子们自由创作的信心与兴趣。

(课程开发者:黄宇洋、陶艺老师)

第四节　竹韵画社

大道至简，大巧若拙，简与巧的恰到好处，如何能让孩子在临摹、创作国画过程中体验山水、花鸟之美？

本课程适用对象：　中年段

一、课程背景

少儿绘画有很多种，国画就是其中之一。特殊的绘画工具和使用方法，让孩子不由自主地学会了静、柔、专注。静不下来，拿着毛笔的手会发抖；柔不下来，线条粗细很难把握；不专注就会画得一塌糊涂。一个孩子，如果能够静下来，心态平和，并且专注地学习和做一件事，一定会产生非常好的效果。目前，越来越多的家长选择让自己的孩子学习国画。作为教师更应从孩子的天性出发，充分利用好这个年龄段活泼好动、模仿力强、想象力丰富的特点，给予适时的培养和指导。

"竹韵画社"是以中国画的学习为主题所开展的课程。**本课程的理念是：学国画，画国画，正根本，养浩气。**本社团面对的是中年段的学生，所选取的绘画题材是孩子们在生活中常见的，或是比较熟悉的瓜果、花草。通过教师的范画或实物，再配合背景音乐，加上大师的作品欣赏，使学生学会全方位、多角度、细致入微地观察事物，而非走马观花，一扫而过，好像什么都知道，问到细节却一脸茫然，提起画笔，更不知如何下笔。当学生经历过一两次这样的体验后，就会处处留心，更加注意观察周边的事物，把自己对生活的细心发现，融入到国画创作中去，眼、耳、口、鼻、舌、心、手各种感官都调动起来，生活变得更丰富，心灵变得更细腻，大脑变得更智慧！

二、课程目标

1. 了解中国画的来历和发展，欣赏各历史时期的国画领军人物及其代表画

作,体悟画家作画时的时代背景以及所传达的人生观;

2. 了解国画所使用的工具种类如颜料、纸张等,认识中国画的特点,掌握毛笔的使用方法和表现形式;

3. 运用自己所掌握的绘画知识,大胆创作,细心尝试,勇于表达自己的内心世界,进一步提升自己的观察力、实践力和创造力。

三、课程内容

"竹韵画社"以"缤纷国画,我形我塑"为主题,根据国画的学习内容,分为以下几个模块:

(一) 作品的欣赏
欣赏《芥子园画谱》、齐白石《虾》、黄宾虹的山水主题画等其他国画作品。

(二) 国画工具的认识
认识国画所需的相关工具:毛笔、墨汁、宣纸、砚台、调色盘、国画颜料、笔架、笔洗、羊毛毡垫等。对于不同工具的不同类别,了解其选择技巧和使用方法。如"毛笔的选择"(狼毫、羊毫、兼毫,长短及粗细不同的毛笔)、"墨条及磨墨方法"、"宣纸的选择和区分"(生宣、熟宣)等。

(三) 色彩的调配
认识白、黄、蓝、黑、红几种基础色,掌握其他颜色的调配方法。如"红 + 黄 = 橘红"、"藤黄 + 花青 = 草绿"等。

(四) 国画的构图
掌握基本的构图形式:"z"字形、"c"字形、"S"形、"△"形等。

(五) 国画的笔法
学会欣赏并掌握国画中墨色干湿浓淡的变化,通过线条的粗细、软硬、浓淡、起伏等描绘出物体的轮廓,表现出物体的质感、力量和动感。

四、课程实施

"竹韵画社"课程的教学资源将从互联网、希沃多媒体课件、视频、音像、图片等多个途径获取。课程实施时间为每周五下午 4∶00—5∶30。具体实施方法如下:

(一)与大师握手——临摹

大师之所以能成为大师,是因其长期潜心体察琢磨总结出的、经得起历史考验的、受历代人们欣赏及承认的表现手法,因而,临摹大师的国画作品将成为学习国画的"敲门砖",是基础,也是必由之路。

本课程的实施将通过图片、视频等多种方式,让孩子了解国画的来历和发展。欣赏各历史时期的国画大师及其代表画作,让孩子们对国画产生兴趣,进而体悟画家作画时的时代背景以及所传达的意境、人生观。

接下来,选取 1—2 幅有代表性的国画作品,让孩子从工具的选择、构图、主题、背景、整体色调、笔法、墨法等多方面进行仔细观察。让孩子们在大师的感召下,在教师的指导下,走进国画,认识国画,欣赏国画。

(二)与大师同行——创作

掌握一些必要的绘画表现技法后,根据自身的审美眼光、个性特点和兴趣爱好,以及考虑时代的发展变迁,进行艺术再创作。

五、课程评价

"竹韵画社"课程评价以学生为主体,以鼓励性评价为主,主要关注创作态度、创作过程以及创作结果。评价方式多样,除了课堂上的即时表扬之外,还有分小组讲评以及阶段性的总结评价等。以下主要介绍作品性评价:

（一）作品性评价

利用学校楼梯、走廊宣传栏和各班级板报、图书馆等空间,在学期中及学期末举办"国画作品展"进行学生作品的展示。师生可以在课余时间随时随地进行欣赏,通过相互学习借鉴,在潜移默化中提高自身水平。

全校的师生均有投票权,选出印象最深或感觉最好的三幅作品。综合得票数量及美术教师的点评,优胜者将获得"新港小学国画达人"的荣誉称号,并颁发奖状以资鼓励,名额视参赛人数及作品质量而定。

评价维度如下:

1. 作品想象力丰富,生动活泼。2. 色彩协调,构图合理。3. 主题突出,内容积极向上,具有正能量。4. 落款字迹清晰,端正。印章的位置恰当,画龙点睛。5. 有提诗,自己创作的小诗更佳。

（课程开发者：王亮、美术科组教师）

第五节　巧手剪纸

家家乞巧望秋月,一双巧手,古来今往,何人不愿? 剪纸课程在促进孩子对中华民间艺术的了解时,如何才能让每个孩子都拥有一双小巧手呢?

本课程适用对象:三年级

一、课程背景

中国剪纸是一种用剪刀或者刻刀在纸上剪刻花纹,用于装点生活或配合其他民俗活动的民间艺术。在中国,剪纸具有广泛的群众基础,交融于各族人民的社会生活,是民俗活动的重要组成部分。其独特的视觉形象和造型,蕴涵了丰富的文化历史信息,表达了广大民众的社会认识、道德观念、实践经验、生活理想和审美情趣,具有认知、教化、表意、抒情、娱乐、交往等多重社会价值。

中国剪纸魅力独特，一把剪刀一张纸，随手就可以剪出一个艺术，一个生活。中国剪纸一般是作为一种民间手艺代代相传，很少列入学校正式教程，使得很多喜爱这门艺术的学生无从学起，同时也引发了民间艺术家的担忧，害怕这一传统民间手艺会失传。在现代社会中，剪纸技艺掌握在少数工艺人手里，这门艺术的传承人也为数不多，如果学生能够掌握这门手艺，那么，生活一定会更加精彩，剪纸艺术也会得到传承并蓬勃发展。

本课程的理念是：让传统剪纸艺术在现代社会开出美丽的花。剪纸能启迪学生的认知思维，让学生在比较中了解我国民间剪纸的伟大之处，激发学生的爱国主义热情和学习兴趣。在剪纸的制作过程中，动手动脑感受工艺制作的表现方法，可以提高小学生手的协调能力。可见，剪纸课程是在暗示、无意识的原则指导下，针对小学生生理、心理特点，采用愉快、轻松的方式进行的美术活动。学生在游戏般的趣味活动中学习，最终达到全面发展，同时也使得剪纸艺术在小学生心中生根、发芽。

二、课程目标

1. 体验剪纸的乐趣，提高审美能力；
2. 掌握剪纸的基本技巧，学会剪制简单的剪纸造型；
3. 养成良好的观察习惯，善于动手剪出生活中熟悉的事物。

三、课程内容

本课程旨在教授学生剪纸的基本技能技法，培养学生的兴趣，训练学生的动手能力，根据剪纸的不同方法分为以下四个模块：

（一）剪纸初体验

介绍剪纸艺术的起源、发展、内容取材、应用场合，并认识剪纸中的基本图形、符号，如圆形、锯齿形、柳叶形、花瓣形。

（二）对称剪纸

学习剪纸中的折叠方法,用对称折叠剪纸的方法剪出对称图案,如花蕊、灯笼、绵羊。

（三）团花剪纸

通过对角折叠二次、三次、四次不等的方式制作团花图案,如对马团花、花蕊团花。

（四）衬色剪纸

用衬色方法做出彩色剪纸,如彩色金鱼、彩色荷花、彩色建筑。

四、课程实施

本课程教师须通过网络搜集各种不同类型的剪纸图案展示给学生,教学中根据学生的要求随机剪出学生想要的图形,从而激发学生学习剪纸的热情。学生通过教师的演示、讲解,自身的模仿、探索和实践,逐步掌握折叠、画画、剪贴等技能技巧。剪纸内容由浅入深,由易到难,循序渐进,共 5 课时,实施过程如下:

（一）剪纸初体验

这一阶段主要学习剪纸中的基本图形。剪纸的基本图形就像汉字的基本笔划,是学习剪纸的基础,熟练掌握剪纸的基本图形就可以在应用中不断变换图形,进行图形组合,变幻出不同的样式,做到得心应手。

（二）剪纸再体验

这一阶段从单色剪纸的训练转为套色训练。整体套色以阳刻剪纸为主稿,颜色须注意搭配关系和主调。局部套色只须在某个局部进行,颜色要求少而精,在画面上起到画龙点睛的作用。

（三）剪纸深体验

这一阶段主要学习衬色。衬色是在单色剪纸下衬以色纸的剪纸,教师在讲授过程中要交待好每种方式的制作方法,避免学生混淆。

(四)更上一层楼

这一阶段主要学习染色。染色又叫点色,将剪好的作品,施以色彩渲染。多用宣纸或连史纸。为了适宜点染,以阴刻为主。这种染色剪纸,在河北、山西、福建等省均有流传。特点是用色明艳,具有韵味,有强烈的民族特色。这一技法对学生自身的制作功夫要求更高。

五、课程评价

新课程评价关注学生的全面发展,不仅仅关注学生的知识和技能的获得情况,更关注学生学习过程、方法及相应的情感、态度和价值观等方面的发展。因此在进行课程评价时,教师要从学生的实际情况出发,看发展,看进步,让每一位学生都有成就感。评价方式有课堂口头评价、学生互评以及期末评选活动,具体操作方法及评价标准如下:

(一)学生互评评价表

每节课结束前学生之间进行互评,充分认识到自己作品的优缺点,并及时进行完善。

学生互评评价表

内容 \ 等级	A	B	C	D
图案完整				
技法熟练				
生动活泼				

(二)"剪纸达人"评选活动

期末组织"剪纸达人"评选活动,让学生展示自己最具表现力的作品,张贴在班级宣传栏内,每位学生向其他同学介绍自己作品的内容、技法及其传达的含义来赢得同学们的投票,票数最多的前三名同学获得"剪纸达人"称号,并颁发荣誉证书。

(课程开发者:王樱璇、剪纸大师何丹凤)

第六节　妙笔生花

沐浴在大自然的阳光下,温馨恬静,和煦轻柔。大自然才是孩子最好的导师,如何让孩子走进其中,寻找真我?

本课程适用对象:高年段

一、课程背景

写生画是真实反映孩子们童心的一种艺术形式,是孩子们面对世界面向未来最直接,最朴素,也是最深刻的一种感受的反映。儿童的绘画发展规律适合写生教学。在儿童自身发展的过程中,他们的写生能力早已存在。儿童作画,从第一天握笔开始,就是一种最为"原始的写生"。在儿童的成长过程中,儿童绘画表现逐步由主观写实表现向视觉写实表现发展,当"儿童画"相应地进入视觉写实表现阶段以后,儿童自发的表现欲望就会有异常的变化。

美术创作的灵感源自生活,捕捉灵感的主要手段来自写实,儿童画的创作也是如此。写生教学不仅能够极大地提高儿童的观察能力、感知能力,并且能培养学生良好的审美情趣。写生是符合儿童生理发展特点的,是儿童美术能力发展的需要,是儿童绘画的重要组成部分,因此进行儿童写生是很有必要的。

我校打造的以自然生态为主的校园环境,渲染了学校艺术氛围,也为校园写生作了良好的铺垫。写生离不开观察,艺术离不开真实。尽可能地运用自然环境资源进行美术教学,探索开发并有效利用地方美术资源,有利于培养学生尊重和保护自然环境的态度以及创造美好生活的愿望与能力。

本课程的理念是：**走进自然，丰富自我**。本课程加强了美术与学生的生活经验的紧密联系，旨在激发学生对学习美术的兴趣，在理解美术的多元化的基础上，增强对自然和生活的热爱，以提高自身美术基本素养和综合素质。

二、课程目标

1. 了解速写的相关知识，对速写产生兴趣；

2. 通过观察、分析、欣赏速写图片、尝试速写等方式，学习线条运用的不同方式，理解构图的方式和近大远小的透视关系；

3. 通过以校园为主题的写生活动，增进对校园的了解，增强对学校的热爱和归属感。

三、课程内容

本课程以让学生运用线条准确表现校园景色为目标，将课程内容分为感受校园美景、欣赏写生作品、学习取景构图方法、展示分享写生作品四个模块。课程具体内容安排如下：

（一）感受校园美景
通过欣赏桃李园、沧浪亭等校园美景的图片、视频及实景，引导学生观察不同的校园景色，从平凡景物中去发现美，并选择写生素材。

（二）欣赏写生作品
欣赏霍贝玛的油画作品《密得哈尼斯的林荫道》，掌握近景、中景、远景三个层次，学会表现空间感。中景主要用来刻画主体物，画得比较实；而远景是为了衬托中景，画得比较虚。总结透视规律的特点：近大远小、近高远低。

（三）学习取景构图方法
风景写生，首先要取景，取景就要解决构图的问题。讲解取景方法：可以用取景框或者用手代替取景框来选择景物的一部分,对于自然景物,根据画面的需要可以有取有舍。在取景构图中,视平线在画面上的高低位置是很重要的,"画面"上视平线低,就会产生开阔的感觉;视平线高,近景则显得更为具体充实。带领学生实地写生,从不同的角度看一自然风景,先仔细观察,确定主体物并可作适当移动,将别处的景移到自己的画上。

(四)展示分享写生作品

引导学生分组讨论,并选择组内代表上台展示和分享写生过程中的体验与感悟,也可举办校园写生比赛及写生作品展示会。

四、课程实施

本课程在实施之前应有充分准备:精心备课,挑选相关风景写生作品,明确每个课时的教学任务。本课程共三个板块,共需 3 个课时,面向四至六年级学生开展,实施路径与方法如下:

(一)感受与回忆

通过图片、视频的形式,让孩子们从不同角度来感受和欣赏校园美景。图片和视频是最直观的视觉载体,在不同的角度中,让孩子们体验不同的美,在感受中学会取景。回忆校园景色,调动孩子们的积极性。

(二)分析与思考

通过欣赏画家的风景画作品,了解透视画的基本规律。从名家名画中学习,让孩子们学会用取景框来取景,欣赏画家的作品,观察、分析了解构图方法与近大远小的透视关系。

(三)展示与分享

以校园写生比赛的形式进行展示与分享,引导孩子们进行大胆写生创作,并展示校园写生作品的取景、构图及绘画表现方式,分享在校园写生过程中的乐趣。

五、课程评价

本课程以赛事性评价为主,以创作性、艺术性为评价点,旨在鼓励学生的个性化创作及对校园、写生产生兴趣。具体实施方法如下:

每年9月,选择天气适宜的一个下午,学生带作画工具,自由选择校园写生的场景与角度,参加校园写生比赛,比赛时长为2小时。

比赛结束后,搜集学生作品,评委将以评价表的方式,根据以下维度进行评分,评选出每个年级一等奖3名、二等奖6名、三等奖9名,并颁发奖状。

评选结束后举办写生作品展,将获奖作品展览在校园宣传栏中。

校园写生比赛(评价表)

学生姓名:			
评价维度		得分	合计
创造性(50分)	1. 选景是否有亮点		
	2. 表现手法是否多元化		
	3. 是否有增加其他的创作元素		
艺术性(50分)	1. 画面是否完整饱满		
	2. 是否画出了透视规律		
	3. 色调是否协调		
老师的建议:			

(课程开发者:周阳、美术科组教师)

第七节　我的舞台

孩子徜徉在音乐的海洋里时,总是会手舞足蹈。如何让孩子在欣赏、沉醉的同时,也可以尽情歌唱、演绎自我,不断地提升孩子们的音乐素养?

本课程适用对象: 低年段

一、课程背景

声乐是一门集语言、音乐、表演为一体的综合艺术,同时也是再创造的艺术。歌唱,通过美的形象和令人愉悦的形式,使学生在潜移默化中陶冶情操,丰富情感世界,发展想象力和创造性思维,增强自信、成功感及合作能力,使其感受到美的教育。

歌唱活动对孩子的发展具有重要价值,是孩子全面发展的重要组成部分。每个孩子都随身带有自然的"嗓音乐器",随时随地都可以开展歌唱活动。低年段的孩子更童真,更随心所欲,能随音乐的不同情绪、节奏、节拍的变化,有表情地进行律动、模仿和即兴创作。通过歌唱比赛,可以增加学生音乐与动作的协调性以及乐感。

通过歌唱比赛,学生能提升自身音乐素养,充分享受快乐的童年生活,培养积极主动地学习的习惯,形成良好情感和个性心理品质,从而获得生活、学习、交往的基本态度和技能。

本课程的理念是:新小好声音,梦想大舞台。 我校举办的新小好声音歌唱比赛,为同学们提供了一个表演的舞台,同学们尽情讴歌,尽情欢唱,唱出热情与朝气,唱出风采,唱出学校蒸蒸日上的赞歌。

二、课程目标

1. 积极参与音乐活动,感受音乐的魅力,对歌唱产生兴趣;

所选曲目要求能够反映当代小学生积极向上的精神风貌、崇高的理想追求、高雅的审美情趣、丰富的精神生活。曲目以歌唱祖国、歌唱友情、歌唱亲情的主题为最佳。格调高雅，清新活泼。

（二）比赛进行时

学生着装不作硬性规定。原则上要求服装整齐，仪态大方。伴奏方式不限。可由教师或学生现场乐器伴奏，也可使用伴奏带。比赛力求公平、公正。

比赛按抽签顺序进行，将采取去掉最高分与最低分，取余下成绩的平均分为最后成绩的方式。

注意秩序。班主任组织学生在规定时间内到操场指定位置坐好，以保证比赛按时进行。各班应谨记安全第一，注意维持会场秩序。比赛演出期间，各班级保持文明，维护演出秩序。如有违反者，取消该班级的优秀组织奖评奖资格。

五、课程评价

本课程评价将以学生为主体，以赛事性评价及评选性评价的方式开展。具体评价过程如下：

（一）"最佳表演奖"评选活动

1—2 年级进行班内初赛，共选拔 20 位选手进入全校总决赛。表演形式：独唱、小组唱（5 人以下）、表演唱均可。优胜者被评为"新小好声音"并于学校散学典礼上进行展演。具体评价维度如下：

1. 选曲得当，曲目内容健康向上，音乐表达得体。（20 分）

2. 着装整齐，上下场鞠躬敬礼，展示出积极向上的精神风貌。（20 分）

3. 节奏、拍子准确，声音和谐，音量适中。（20 分）

4. 表情丰富、富有感染力，仪态大方，服装整齐，台风得体，整体效果好，表现力强。（20 分）

5. 声音洪亮，吐字清晰，音乐优美，层次鲜明。（20 分）

（二）"优秀组织奖"评选活动

优秀组织奖将颁发给有序组织学生参加比赛、赛前进行充分比赛训练的班级。评选维度如下：

1. 观众组织效果好。按要求组织参与人数；按要求入场、就坐、撤离；不喝倒彩。

2. 积极营造现场氛围，服装协调，现场观众的情绪与活动主题协调。

3. 赛前认真选择比赛曲目并进行多次排练，邀请音乐教师到班级指导。

注：去掉评委打出的最高分和最低分，最后算出平均分。

（课程开发者：林绮敏、音乐科组教师）

第八节　走进童话剧

"一千个读者就会有一千个哈姆雷特"，如何让孩子走进童话世界，寻找那个最美的自己？

本课程适用对象：低年段

一、课程背景

戏剧是一种与诗歌、小说、散文并行的文学体裁，它结合音乐、舞蹈、造型艺术，以激烈的情节、矛盾的冲突、个性化的语言魅力和现场的人物形象获得了广大读者的认可和喜爱，在文学史上占有重要的地位。而儿童剧除了具有戏剧一般的特征外，还要适应儿童特征，通过具体、鲜明的形象与活泼、明快的情节剖析严肃的主题，进行美的升华。戏剧欣赏教育的过程有利于培养学生的语言思维能力、创造能力、感受表达能力、交流交际能力及角色意识。

戏剧欣赏教育作为一种工具学科，整合了其他学习领域，特别是与其他艺术形式（音乐、舞蹈、回话等）融合运用，营造的是一个开放式、互动式和引导式的学习环境，不仅能发展学生的智力，还可以延伸到自我发展，培养独立的人格，从而构建全面的人文素养。在小学中开展戏剧的欣赏教育,还可以丰富、活跃校园文化,提升学校文化的内涵,提高学生的艺术素养,对学生的全面发展起着重要的促进作用。

本课程的理念是:认识100个哈姆雷特,体验100种不同人生。欣赏和体验不同的戏剧,学生可以感受不同的情感、情绪、经历别人的人生,以丰富自我。引领学生通过观赏、角色扮演、模仿、游戏等方式,让学生在互动关系中充分发挥想象力,自由表达情感和思想,由欣赏式的教学进入半体验式的模仿学习。

二、课程目标

1. 通过欣赏童话剧的形式,感受到戏剧中音乐、舞蹈、文学带来的美感,培养艺术素养;

2. 体验朗诵、复述童话故事的快乐,增强语言表达能力和肢体表演能力;

3. 产生参与演出童话剧的兴趣,在主动参与、乐于探究的过程中提升想象能力、创新思维能力和表演能力。

三、课程内容

本课程以"感悟童话,初识戏剧"为主题,根据童话剧表演形式,将教学内容分为以下三个模块:

(一) 认识剧本类

主要内容为《十二个月》《灰姑娘》。向学生呈现剧本片段文本,介绍主角、配角、旁白、情景等内容,让学生初步认识台词、剧本。

(二) 音乐欣赏类

欣赏《胡桃夹子》同名钢琴曲《胡桃夹子》,《灰姑娘》中咏叹调《我发誓要找到她》、《魔法森林》、《乞丐与王子》、《皇帝的新衣》中的音乐片段。通过感受经典音乐片段,引导学生体会童话剧中音乐的美。

（三）道具制作类

主要内容如俄罗斯著名童话剧《神气活现的小白兔》，捷克著名童话剧《冈查与小提琴》、《熊王的画像》，世界著名童话剧《国王的耳朵》，德国著名童话剧《智斗老巫婆》、《高尔基与小摄影师》的制作道具。让学生观察童话剧中舞台的布置，引导学生发现除了剧情、演员以外，舞台的布置和道具的使用对戏剧的影响和重要性。

四、课程实施

本课程共 40 课时，适合对象为低年段的孩子。场地安排在学校合唱室、舞蹈室、阶梯课室、舞台等。课程实施前精选童话剧视频、剧本等作为教学资源。实施过程如下：

（一）观看与欣赏

教师组织学生观看童话剧，以分组讨论的形式交流与分享观看心得，以小组分工的形式讲述童话剧中的片段，复述童话剧内容。

（二）剧本朗诵

全班分为若干个小组，每组扮演不同角色，引导学生用具有人物特点的音色、情绪朗诵剧本台词，在朗诵剧本的过程中，感受表演的乐趣。

（三）模仿与合作

引导学生观察剧中角色的表情、神态、肢体语言，通过模仿角色说话的语气、动作，敢于表现和挑战自我，以小组内分角色演出的形式，进行小组表演与展示，培养学生的观察能力与表现能力。

（四）布置舞台与道具制作

鼓励学生从不同的角度参与到戏剧的方方面面，尤其关注以下两方面：

1. 布置舞台。启发学生对场景的认识,让学生想象故事发生时的舞台设置和需要的道具,分小组制作不同的舞台场景,如"灰姑娘"的厨房、漂亮的舞厅。

2. 道具制作。让学生发挥想象,利用生活中的环保材料和废弃物,制作舞台所需的道具,如"灰姑娘"的水晶鞋、皇帝真正的"新衣"等,真正参与戏剧中舞台的布置和道具的制作。

(五)成果展演

利用学校现有的舞台(阶梯教室、体育馆)等,给学生提供平台,在老师的协助下,全班一起布置场景。通过对故事的演绎,在实践中感受童话剧开展的全过程。

六、课程评价

本课程评价旨在让学生了解童话剧并对其产生兴趣,因而评价以激励性评价为主,关注学生的兴趣及习惯的养成。具体评价方式如下:

(一)等第性评价

童话剧的表演将分为观看与欣赏、剧本朗诵、模仿表演、布置舞台与道具制作、成果展演五个部分,以 A、B、C 为三评价等级,评价学生的专注度、朗诵能力、表现能力、创新能力与小组协作能力。

评价模块	A	B	C	老师寄语
我是合格小观众				
我是小小演说家				
我是合格小演员				
我是优秀发明家				
我们团结又努力				

（二）评选性评价

课程结束时，统计学生所获 A 等级的数量及分属板块，评选出合作表演板块的"小小演员"，创编故事板块的"小小作家"，美图绘制板块的"小小书画家"等奖项，并给学生颁发奖状。

（课程开发者：张丽茜、音乐科组教师）

第四章

百步致知，洞悉世界的奇幻奥秘

当沉寂的夜晚开始处处霓虹，当飞驰的列车驶过荒芜的山岭，当互联网的触角伸向每个角落……探索，致知，犹如海面上冉冉升起的红日，犹如冬末时吹醒万物的春风。一双双澄澈的眼睛，得以窥见自然的真谛；一次次真切的触摸，编织生命的独特理解；一个个生命，成为一位位好奇的观星者，在难以计数的星辰中漫步，在漫无边际的宇宙中领悟；从纷繁复杂中感受生命的奇幻，从光怪陆离中洞悉世界的奥秘。

一粒沙里藏着一个世界，一滴水里折射一片海洋，一朵花里蕴含一派生机。大千世界里，生命的脉动无处不在。体验生命，从中窥见自然的真谛；触碰自然，从中探索科学的奥秘。从星系中微小的尘埃，到超大质量的黑洞，宇宙中有太多的秘密尚未被探索，有太多的风景等待被欣赏。探索，让我们化愚昧无知为睿智博学，让我们将梦化作现实，也让我们成功创造出造福人类的高新产品。

百步向前，点滴积累。我们希望孩子们在科学乐园里嬉戏，激扬起无穷的好奇心和创造力；我们希望孩子们用那澄澈的眼睛探索世界，思绪如星般坠落天外，闪出明而绚丽的幻想，迸发光彩四射的灵感。我们希望，孩子们伸出稚嫩的双手拥抱世界，在一次次的触摸中，编织出对世界的理解。我们希望，孩子们成为一位好奇的观星者，在难以计数的星辰中漫步，在漫无边际的宇宙中领悟；从纷繁复杂中看到宇宙的生命，从光怪陆离中洞悉世界的奥秘。

格物致知，理从外求。真理的探究源于个体自身对事物的认知。格物，是观察和探究事物本身；致知，是获取事物的知识。欲诚其意者，先致其知；致知在格物，物格而后知至。格物致知的精神，即实验探究的精神。科学的学习，应从"格物"做起。"百步致知"课程将以此为出发点，搭建孩子内心的阶梯，点燃孩子思维的火花，弹拨探索的心弦，进而洞悉世界的奇幻奥秘，奏响当下与未来的乐章。

科学是绚烂多彩的，是不拘一格的。科学的学习内容包罗万象，涉及的领域广泛，既有自然、物理、化学，又有航天航空，计算机科学等。科学的天空是如此广阔无垠，它的神秘令人着迷。"百步致知"类课程旨在让孩子推开洞悉世界的真理之窗，因而依据课程内容分为四个板块：**科学家交流之窗、生命与科学之窗、自然界体验之窗、未来与科学之窗，**让孩子在观察、参与和实践中体悟灿烂的生命，感恩自然的馈赠，启发对科学的思索，燃起探索生命世界的兴趣。

后人总是站在前人的肩膀上远眺，人类才得以进步。科学家们的努力付出推动了科学的进步,引领了社会的变革。牛顿的万有引力,爱因斯坦的相对论,揭开了浩瀚宇宙的种种秘密。爱迪生的若干发明,互联网的诞生,带给了我们生活的种种便利。科学的魅力在于它总是吸引了一个又一个生命个体为之匍匐前进,鞠躬尽瘁。未来,在科学这条深不可测的路上,必不可少的是执着求索、善于观察、积极探索的精神。对科学的热忱和探索需要传承,而榜样的力量是无穷的。**科学家交流之窗**主要包含"走进昆虫学家"、"走进植物学家"、"走进鸟类学家"、"走进天文学家"、"走进地理学家"、"走进发明家"等一系列课程。我们引导孩子们与昆虫学家、植物学家、鸟类学家、天文学家、地理学家、发明家们"对话",在头脑中重走科学家的探索之路,体验科学家的坚持之毅,学习科学家的解疑之智。站在巨人的肩膀上的孩子们,将把科学作为一种意识,一种习惯,一种态度;远眺世界,展望未来,拓屡未来无限的可能性。

生命是自然的,也是神圣的。认识生命、善待生命是永恒的主题。我们自身,身边的亲人、花草树木、林鸟虫鱼等等,每天都以各种各样的形式奏响着生命的乐章。**生命与科学之窗**这一类课程主要包含"美妙的校园生命"、"探索西红柿生命历程"、"毛毛虫到蝴蝶公主的蜕变史"、"我们的区别与联系"、"蝌蚪变形计"、"神奇的种子"、"酸奶形成记"、"科技节"等系列课程。在此类课程中孩子将会对这些形形色色的生命进行深入探讨,通过观察、调研、种植、养殖、发明创造等方法方式,从中学会认识生命、热爱生命、尊重生命、感恩生命,激发探寻真理的热情,从而全身心投入到生命探索的旅程之中。带着"问道"眼光的孩子,或许会收获劳动的充实、成功的喜悦,或许将承受秧苗枯萎、花开不结果的悲伤,但在大自然怀抱中所收获的是生命之真善美的独特体验,是最具有生命力的真理。

科学与生命息息相关,它探索生命主体,也让探索者体验对生命探索的精神过程。正如教育家陶行知所言:"行是知之始,知是行之成。"孩子只有走得越近,才越能看到知识、闻到知识、摸到知识,而不仅仅是"想象知识"。也唯有在真切的大自然中"寻找知识",或者说"探求真理",方能摩擦出智慧和创造的火花。**自然界体验之窗**,主要包含"开心农场"、"走进大自然"等一系列课程。它将会把世界毫无保留地展现在孩子面前,吸引孩子们去感受,去触摸,去品尝,去经历,去体验。从一株小草的种植、一只小昆虫的成长,到森林、河流的探险,埋下的是快乐与好奇的种子,萌芽的是团队意识、责任感、语言表达能力、观察能力、探索能力,使孩子懂得用自己的方式与自然相处、交流。

当人类的第一个脚印留在蟾宫,当沉寂的夜晚开始处处霓虹,当互联网的触角伸向每一个角落,当飞驰的列车驶过荒芜的山岭……我们看到,科技犹如海面上冉冉升起的红日,犹如冬末时吹醒万物的春风,人类因科技创新而进步着,世界因科技创新而更精彩。**未来与科学之窗**中主要包含"科学 show 出彩——基于STEM 教育背景下的科技节"、"航模"、"无线电"以及"机器人与编程"等一系列课程,并不仅仅是科普教育,更是培养创新的意识、未来的视野。也许因为一次触动,爱上了一门科学;也许因为一次思考,造就了一项发明。将最前沿的科技成果呈现给孩子们,让科技的神奇撼动孩子们的心灵,最真切的感受将萌发出最诚挚的热爱,一颗好奇的种子将扎根并发芽,成长为参天大树。

居里夫人说:"我要把生命变成科学的梦,再把梦变成现实。"根据课程本身的特点,各类课程的实施方式也不尽相同:校园节日、百步梯课程、校园赛事、日新社团、团队活动……课程更深更广地延伸到生命、生活、生长的范畴之中,在时时处处,在点点滴滴。每一次活动,都让孩子逐步开启创新与实践的征程,进行思维与火花的碰撞,分享团结与协作的喜悦。每一次体验,都成为了孩子们自我发现、自由成长的丰收之旅。丰富的活动"说"出了孩子们对生命的理解,"道"出了孩子们在科学创造中合作、分享和探究的能力。这一切,都让科学的学习充满浓浓的乐趣。

"百步致知"的课程让孩子们从生命体验出发,感悟生命的力量,再将生命之热情注入科学研究中。孩子们在经历不同的世界、体验不同的旅途之余,收获思维与探索、能力与视野,在科学之梯上勇于攀登,百步不止,洞悉世界无穷的奇幻奥秘。

(撰稿者:郭泽婉、彭丽君)

第一节　我是种菜小能手

一颗小小的种子到底蕴含了多大的生机？植物的花开花落,生生不息,何其绚烂！我们将如何带领孩子走进蔬菜乐园,感受植物生命之奇妙？

本课程适用对象: 种子社团

一、课程背景

开心农场课程,是指导孩子从认识到研究,从种植到培育再到采摘的课程。小学生充满好奇心和求知欲,他们渴望用自己稚嫩的双脚丈量大地,渴望用澄澈的双眼探索星空。对周围世界的好奇和探索,帮助他们快速接受新知识,想出新点子,为他们纯真的生命插上七彩的翅膀,创造无限可能。

然而,随着城市化的发展,我们的孩子渐渐被城市的高墙所包围,生活徘徊在学校与家的两点一线之间。长此以往,孩子们的视界渐渐变窄,对劳动生活的体验减少,对"每一食,便念稼穑之艰难;每一衣,则思纺织之辛苦"的体悟降低。我校地处广州这个寸土寸金的大都市,孩子们生活中接触植物栽培的机会几乎为零。而综合实践、科学、语文等多门学科里,虽有关于种植的教学,但由于条件的限制以及学生经验的缺乏,老师们教学时都只是纸上谈兵、隔靴搔痒,学生没有实践操作的机会,对植物栽种的理解只停留在课本干瘪瘪的文字中。

基于此,我们希望能够通过开心农场课程的开发,引领孩子经历另一个世界。孩子们渴望亲近自然,探索未知。我们的校园遍布各种植物、果树,生机勃勃、绿意盎然、丰富的资源可让学生亲近大自然、开展一些简单的活动。同时,我们定期举行户外采摘实践活动,更是让学生对农业耕作有了进一步的了解。

本课程的理念是:健康成长,快乐生活,全面发展。 孩子们在栽种、培育的过程中,亲眼见证手中一粒不起眼的种子,慢慢发出嫩芽、长出新叶、开出美丽的花朵,引来蜜蜂蝴蝶。让学生体验劳动生活,了解农业基本知识,增强学习乐趣,丰富成长和生活经历,全面提高综合素质。

二、课程目标

1. 认识不同类型的植物,初步了解植物栽种的生产工具,植物的生长周期,知道影响蔬菜生长的要素;

2. 学会自己动手操作,学会留心观察事物,感受并记录植物生长的过程,掌握简单的栽培技术;

3. 有合作探究的意识和能力,体验劳动的喜悦,感受生命的美好和脆弱,丰富生活经验和情感体验。

三、课程内容

本课程以"开心农场——我是种菜小能手"为主题,将课程内容分为:农业知识知多少、种植方案我制定、快乐实践同体验、劳动成果齐分享四个模块。具体为:

(一)农业知识知多少
老师通过讲授和课件、书籍、音频等资料向学生讲授农业有关知识,指导学生学习相关的理论知识,认识种植工具并了解使用方法,了解所要栽种的植物的生长习性,包括对土壤、气候、湿度等的要求。带领学生通过观看纪录片、走进菜园采访菜农、查阅相关资料的形式,了解更多的栽种常识。在学生对植物有充分了解之后,再带领他们进入植物栽培活动。

(二)种植方案我制定
在教师的指导下,学生根据自己的兴趣爱好自由组成活动小组,并进行组内人员的分工。以4—6名同学为一个小组,小组内推选组长、记录员、摄像师、资料员等。每个小组根据实际情况,科学规划,讨论并制定本小组的种植方案,详细罗列出不同阶段所需要的材料和所要完成的任务,明确每个成员在种植过程的职责和任务。

(三)快乐实践同体验
老师带领学生走进学校菜地,走进校外实践基地,让学生真正走进田园,拿起锄头和水桶,练习播种、栽种、施肥、浇水、锄草、捉虫等活动,从而体验农业劳动,体验生活。在学生实践的同时,教师注意时刻进行指导和讲解。同时老师引导学生仔细观察植物每周的变化,将自己在栽种过程中的所见、所思、所感通过文字、图片等形式记录下来,让栽种的过程成为他们生命中的独特体验。

(四)劳动成果齐分享
蔬菜成熟之后,每个小组根据自己的种植成果或加工自己的种植成果进行分享。可以小组内开"丰收庆祝会"，可以与父母一起分享自己的劳动成果，把自己种植的蔬菜做成自己家餐桌上的一道美味菜肴，也可以和同学老师一起采集叶子做标本等。

四、课程实施

课程通过互联网、多媒体资源、音像资料等多种渠道获取教学资源。每学期20周左右，利用每周四的放学后20分钟时间，总共20课时，主要面向"种子社团"开展，实施的教学方法如下：

（一）讲、访、看、查

"讲"是老师在课堂上进行讲授。"访"是学生在家长或老师的带领下实地采访菜农。"看"是学生利用多媒体观看纪录片。"查"是学生利用书籍或网络查阅相关资料。使学生认识常见的劳动工具，如锄头、铲子、镰刀等，学会正确的使用方法；认识常见的菜叶类植物、根茎类植物、瓜果类植物、调味类植物和花卉，知道它们的名称和生长习性；了解传统的二十四节气，知道气候与植物生长的关系。

（二）做、研、察、记

"做"是学生自己动手操作，学会播种、育苗、浇水、施肥、锄草、除虫等栽种技巧。"研"是各年级段研究自己年段种植的植物以及它们的生长习性等。"察"是学生定期观察植物的生长变化。"记"是学生记录植物生长的过程，以及栽种过程中的所思所感。

（三）享、展、思

教师指导学生进行经验总结，使学生比较"农业知识知多少"阶段收集的资料与实践所得的偏差。"享"是学生组织召开成果分享会，将收获的果实与同伴、老师分享；"展"是小组内策划宣传活动，老师指导学生制作科普手抄报，举办画展、摄影展等，向全体同学宣传种植的知识，展示种植成果。"思"是反思自己这一学期的活动中需要继续坚持的做法和下学期将要改正的做法，争取下学期做得更好。

五、课程评价

本课程注重过程性评价,对学生的评价采取学生自评、小组互评和教师评价等多元评价相结合的方式。课程内容一共四项,每完成一项课程内容时,使用下面表格进行一次自评、小组评和老师评。自评通过打钩进行评价,小组评和老师评可以通过打钩、盖章、贴小红花形式进行评价,也可以进行文字评价。

评价表格:

我是种植小能手(评价表)

学生姓名:　　　　　　小组名称:

评价内容		优秀	一般	合格
农业知识知多少	1. 认识不同类型的蔬菜。			
	2. 了解栽种植物的生产工具。			
	3. 了解所栽种植物的生长周期。			
	4. 知道影响蔬菜生长的要素。			
种植方案我制定	1. 小组名称恰当。			
	2. 小组内分工明确。			
	3. 各阶段按种植方案执行。			
快乐实践同体验	1. 掌握简单的栽培技术。			
	2. 能够自己动手操作。			
	3. 服从分工,并能主动地帮助他人。			
	4. 感受并记录植物生长的过程。			
劳动成果齐分享	1. 用小组选定的方法进行展示。			
	2. 能够对自己的栽培经验进行总结。			
小伙伴的话: 第一阶段: 第二阶段: 第三阶段: 第四阶段:				
老师的话: 第一阶段: 第二阶段: 第三阶段: 第四阶段:				

注:对于考核第一名的小组,组长将荣升为农场管理员,成员则有资格在下一学期担任其他组组长。每一位成员都有机会成为农场管理员,学期末,个人评价排名前五的学生将荣获"种植能手"称号,并颁发种植奖章。

(课程开发者:杨一萍)

第二节　生命科技节

对生命的探索,一直是人类孜孜不倦的追求。如何唤起孩子对生命科技的热忱,乐于探索与自身、与环境息息相关的生命科技?

本课程适用对象: 中年段

一、课程背景

认识科学,运用科学,是人类适应并且合理利用自然的前提,科学不仅仅是一个与高端技术相关联的名词,科学存在我们日常生活中的方方面面,很多科学小知识都与我们的生活息息相关。

基于以上背景,在有限的仪器设备条件下,我们将开设以"认识身边的科学"为主题的科技节课程。小学生从身边的生活来了解科学、认识科学,不仅能够亲身体验科学,也有更多实践操作的机会。通过多种形式的活动激发学生的求知欲,培养小学生对自然与生活的好奇心,逐渐形成批判意识、创新意识、环保意识、合作意识以及社会责任感。

本课程的理念是:学习科学之理,运用科学之道,体验科学之美。 按照中年段学生的认知规律设计课程主题、内容以及表现形式,通过各种方式激发学生学习科学课程的兴趣,培养学生的创新精神和实践能力,在学习中形成合作与分享的态度。

二、课程目标

1. 学习科普知识,开拓科技视野,对科学探究产生兴趣;

2. 学会利用身边的多媒体、纸质材料、师长等资源搜集资料,并且学会小组讨论,共同分析、整理材料;

3. 将科技知识以手抄报、模型、话剧等形式展现出来，形成良好的科学态度。

三、课程内容

本课程以"团结合作学科学，灵活创新用科学"为主题，根据学生作品的最终表现形式，将课程内容分为手抄报小讲师、模型小能手、环保小达人、话剧小演员四个模块。具体为：

（一）手抄报小讲师

搜集、了解、掌握用眼卫生、防蚊措施、急救知识等相关的科普类知识与技能，提高适应生活，解决生活问题的能力。

以"认识眼球结构，注意用眼卫生"、"小小的蚊子，大大的危害"、"急救知识小讲堂"等为主题制作手抄报并进行宣讲，学会整理所收集的科学资料并进行分享。

（二）模型小能手

掌握制作模型的步骤及注意事项，认识不同生物的结构特征，并理解这些特征与他们的生活环境的联系。

了解人体、鸟类、鱼类等生物的特征，制作"人体呼吸系统模型"、"人体血液循环系统模型"、"鸟类模型"、"鱼类模型"等。

（三）环保小达人

学会围绕某一主题进行资料搜集，掌握做调查报告、生态瓶等的步骤及注意事项，以"水资源"、"林木资源"、"垃圾处理"等为主题进行调研、撰写报告、制作模型，认识到环境资源的重要性，并形成珍惜资源、爱护资源、保护环境的良好行为习惯。

循环利用生活中一些废旧材料，开展环保时装秀、环保工艺品展等活动。

（四）话剧小演员

了解话剧剧本的写作以及话剧的编排、表演。

以"远离病毒，防止传播"、"大胖子变成小蛮腰"、"我运动，我快乐"等为主题设计话剧表演。掌握必要的卫生知识，了解合理饮食、加强锻炼对健康体质的重要意义，学习如何通过声音、动作、表情等将感情尽情表达出来。培养讲究卫生、热爱运动、合理饮食等健康生活方式。

四、课程实施

本课程通过选编教材、互联网、多媒体课件、音像资料等多种渠道获取教学资源。每学期为一个教学周期，共 4 个周期，总跨度为 2 年。每个周期实施一个模块的课程内容，包含分享资料、拟定方案、实施方案、作品展出，共四个阶段。前两个阶段均在常规教室里面实施，第三阶段根据课程内容进行实地调研或者作品制作，第四阶段在田径场、室内体育馆或者礼堂举办。实施过程如下：

（一）分享资料

第一至第三节课，教师与学生分享与课程内容相关的资料，并且以竞赛问答的形式加深学生对相关科普知识的掌握；第四节课学生自行分组，以 4—6 人为一个小组，以投票或者竞选的方式选举小组长，组长与组员共同讨论确定该小组的活动主题；第五节课教师与学生分享制作手抄报（或制作模型、调研、制作生态瓶、修改剧本、排练话剧等）的一般步骤、注意事项与技巧等。

（二）拟定方案

各个小组需利用课余时间搜集与该小组所选定的主题一致的资料，第六节课学生展开讨论，将所搜集的材料进行分析整合，做到取其精华，去其糟粕。

根据小组讨论结果，各个小组拟定一个可实施的具体方案，方案包括活动主题（如："小小的蚊子，大大的危害"）、时间、地点、参与人员及小组分工、组织方式、活动流程等等。

（三）实施方案
1. 手抄报小讲师

学生按照小组分工进行版面设计、图案描绘、文字起草、文字修饰等创作过程,并且利用课后时间完善手抄报制作。学生在创作过程中,不仅加深了对生活科普知识的理解,同时也提高了鉴赏美、创造美的能力。

2. 模型小能手

学生按照小组分工进行材料准备(如:学生剪刀、泡沫塑料、木板、木棍、气球皮、塑料管、胶带等)、模型设计、草图描绘、模型制作等创作过程,并在课后完善模型。在这个过程当中,学生不仅能够更全面地认识所制作的对象,也能进一步提高动手能力。

3. 环保小达人

在周末或者春游时间,学生以水中的动植物种类和密度作为质量指标,调查不同区域的河水质量;以乔木、灌木的种类和数目作为质量指标,调查不同区域的林木资源;通过调查统计、实地参观等方式搜集垃圾回收及处理方式的资料,调查不同区域的垃圾问题。学生利用一节课的时间整理调查结果,制作报告。

小组以水、泥沙、水草、小鱼、小虾、蝌蚪等制作生态瓶、生态缸等作品;以小木棍、小木板、学生剪刀、小刀等材料制作园林作品;以木板、塑料盒子、塑料管子、学生剪刀、小刀等材料制作垃圾回收及利用过程的模型作品,引导学生认识自然、热爱自然,增强环保意识。

4. 话剧小演员

教师提供一些相关的话剧题材,让学生根据小组选定的主题从中选择或者加以改造,也可以独立创作。每个小组成员确定自己的角色,课余时间进行排练,同时教师给予适当的指导,在演出前进行三次彩排。在该项课程中,学生将科学知识、艺术表达、同学互助等结合在一起,全面提升自我。

(四)作品展出

选定一天作为科技节活动展出日,届时将场地划分为 4 个区域,分别展出不同类型的作品。

每组学生将本组制作的手抄报、人体或动物模型、环保作品张贴或陈列在特定区域,其中手抄报类作品的每个小组推选或竞选一名小讲师,负责活动当天讲解、解释。话剧作品则在特定舞台表演。

五、课程评价

开好本课程的关键环节是做好课程评价,在课程开设中重视多种形式的评价,采用个人自评、学生评价、教师评价、小组评价等多元评价方式,使形成性评价和总结性评价相结合,自我评价与他人评价相结合,知识评价与技能评价相结合。学生以手抄报、模型制作、表演并配合讲解等多种形式形成科技学习的成果。尽管这些作品可能会存在不成熟的地方,但学习过程更重要。具体评价过程如下:

(一)"小讲师"评选性活动

以下表作为评价的量表,每项内容均包含自评、小组评和老师评,每一格满分为 10 分,不同评价主体的平均分作为该项内容的最终分数。按照分数从高到低选出一等奖 3 名、二等奖 5 名,其余为三等奖,颁发相应奖状。

"小讲师"				
学生姓名:		小组名称:		
评价维度	自我评	小组评	老师评	平均分
1. 讲解的内容准确有深度				
2. 语言表达流畅、清晰,富有感染力				
3. 为参观人员答疑解惑的能力强				
总分:				
体会:				
老师评语:				

(二)"最优手抄报奖"评选性活动

以下表作为评价的量表,每项内容均包含学生评和老师评,以贴纸星星来表示得分高低。分别由选定的 10 名老师和 20 名学生贴星星,每一格可以贴 1—3 颗:优:3 颗,良:2 颗,一般:1 颗。最后按照星星总数从高到低选出一等奖 3 名、二等奖 5 名,其余为三等奖,颁发相应证书。

评价内容	学生评	老师评	星星总数
1. 版面设计合理美观,字迹、图案工整美观			
2. 内容充实丰富、科学性强			
3. 创新性程度高			

(三)"最佳模型奖"评选性活动

以下表作为评价的量表,每项内容均包含学生评和老师评,以贴纸星星来表示得分高低。分别由选定的 10 名老师和 20 名学生贴星星,每一格可以贴 1—3 颗:优:3 颗,良:2 颗,一般:1 颗。最后按照星星总数从高到低选出一等奖 3 名、二等奖 5 名,其余为三等奖,颁发相应证书。

评价内容	学生评	老师评	星星总数
1. 模型设计合理美观			
2. 模型科学性强、准确性高			
3. 创新性程度高			

(四)"最佳环保作品奖"评选性活动

以下表作为评价的量表,每项内容均包含学生评和老师评,以贴纸星星来表示得分高低。分别由选定的 10 名老师和 20 名学生贴星星,每一格可以贴 1—3 颗:优:3 颗,良:2 颗,一般:1 颗。最后按照星星总数从高到低选出一等奖 3 名、二等奖 5 名,其余为三等奖,颁发相应证书。

评价内容	学生评	老师评	星星总数
1. 环保作品设计合理美观			
2. 环保作品科学性强、准确性高			
3. 创新性程度高			

百步致知,洞悉世界的奇幻奥秘

(五)"最佳话剧奖"评选性活动

以下表作为评价量表,由选定的 7 名老师作为评委,每一格满分为 10 分,最后按照总分从高到低选出一等奖 3 名、二等奖 5 名,其余为三等奖,颁发相应奖状。

评价内容	老师评	总分
1. 内容丰富,情节起伏,贴切主题		
2. 表演精神面貌饱满,感染力强		
3. 多种才艺结合		
4. 创新程度高		

(六)"最默契小组"纪实性评价

从资料分享到作品展出整个过程当中,任课老师时刻关注,对小组成员的分工合作、相互协助、参与热情等方面进行记录性打分。以画"正"字的方式进行打分,当小组在下列评价内容中表现优秀时即画一笔,等作品展出结束再统计小组分数,每个班评出 3 个"最默契小组",在国旗下讲话时进行表扬。

评价内容	老师评	该项得分
1. 学习科技知识时态度端正、热情,阅读大量资料		
2. 制定科普活动方案或剧本的完整、可行		
3. 分享交流时言之有物、语言表达流畅		
4. 小组成员分工明确、相互帮助、团结友爱		
总分		
小组成员体会:		
你最喜欢的组员是:		
理由:		

(课程开发者:彭丽君)

第三节　科幻梦工厂

科学是赋予人类最大的礼物。如何引领孩子给科学插上幻想的翅膀,让幻想变为科学的梦?

本课程适用对象: 高年段

一、课程背景

科幻画是科学幻想的内容,有一定的科学依据,通过绘画的手段,在画面上表现出来的一种绘画形式。科学技术日新月异,客观要求越来越高,目前技术达不到的,可以先画出来。科幻画正是在理解科学知识的基础上,通过科学的想象,运用绘画语言创造性地表达出对宇宙万物、未来人类社会生活、社会发展、科学技术的遐想而产生出来的绘画作品。

随着年龄的增长,高年段的学生对科幻作品、太空奇观等内容的兴趣愈发浓厚,加之其通过电影、网络、刊物等各种形式积累了很多关于此类的知识。学生对于未知领域的探知充满了好奇,也更善于去幻想,这也为本课程的开展提供了很好的资源。同时,我校每年开展科技节的活动也为孩子们提供了一个开拓视野的平台。创作科幻画是引导学生接触科学、探索科学、热爱科学的好方法,也是培养少年学生的想象力、思维能力的重要途径。

本课程的理念是:天马行空,畅想未来。 科学离不开幻想,艺术离不开真实。先基于科技节对科技的知识学习,再开展科幻画的课程,更能进一步地启发学生的创作思维。本课程的设置对培养少年儿童的科学想象力、创新意识和探究性学习的能力,具有十分重要的意义。

二、课程目标

1. 了解科幻画的基本概念和科幻画题材的多样性；

2. 体验科幻画的基本创作过程，掌握绘画方法；

3. 关注科学与艺术的联系，获得新鲜的审美感受，增强对科学的兴趣、爱好和想象力、创造力。

三、课程内容

本课程以"未来生存空间——探索科幻画"为主题，以让学生了解科幻画、体验创作为目标，按课程内容分为作品欣赏、创作技法两个模块，具体内容如下：

（一）作品欣赏

观看视频短片《哈尔的移动城堡》、《阿凡达》等，创设情境，营造氛围，引导学生展开科幻想象。

（二）创作技法

带领学生欣赏《仙履奇缘》插画、几米的《月亮忘记了》、宫崎骏的漫画《天空之城》、《疯狂星期二》及其他科幻画作品，让学生学习点线面的组与运用，黑、白、灰的概括与分布，色彩面积、位置的穿插与结合，画面构成的节奏与韵律，全景、远景、中景、近景、特写的构图形式、色彩，仰视、平视、俯视的透视角度，渲染画面气氛时色彩的冷暖对比，及欣赏作品中大胆夸张的造型。

四、课程实施

本课程在实施之前应有充分的准备：精心备课，挑选相关的科学书籍、视频，明确每个课时的教学任务。本课程面向高年段开展，共需 2 个课时，具体实施安排如下：

（一）了解与欣赏

通过观看科幻影视作品、欣赏科幻画作品，学习作品中的表达方法。同时查阅相关资料，了解更多的科幻画种类。保证学生对科幻画有充分了解之后，再进行科幻画的创作。

（二）尝试与创作

以科学为依据，把科学知识与绘画相结合。在学生对科幻画有了充分的理解后，利用相关的科学知识与所了解的绘画形式进行创作。在创作的过程中让学生不断尝试、发现、体验和感悟。

（三）展示与分享

每节课引导学生展示科幻画作品和分享自己的创作过程。介绍创作意图和绘画方式，分享创作过程中的体验与感悟，从而体现创作的科学性。

五、课程评价

本课程评价方式主要为赛事性评价，以想象性、科学性、艺术性为评价点，鼓励学生的个性化创作。具体评价方法如下：

期末每位孩子将上交科幻画比赛的参赛作品，评委老师将根据评分表，从想象性、科学性、艺术性等方面进行评分，每个年级评选出一等奖 3 名、二等奖 6 名、三等奖 9 名，并颁发奖状。

科幻画评分表

学生姓名：			
评价内容		评委打分	合计
想象性(30分)	有丰富的想象力、畅想创意新颖、有一定的科技含量		
科学性(30分)	紧扣主题、科幻意识浓、科学依据正确、逻辑正确		
艺术性(40分)	构图简洁、色彩明快、有较好的绘画技巧		
老师的建议：			

（课程开发者：周阳，美术科组全体教师）

第四节　我们的区别与联系

　　身体发肤,受之父母。每个人都是父母神奇的结晶,我们与父母之间到底存在着怎样神奇的联系呢?

　　本课程适用对象：三年级

一、课程背景

　　自然界中的生命丰富多彩,生命与生命之间,不仅相互区别,各有特色,还相互联系,密不可分。孩子们一天天苗壮成长,终有一天会成为栋梁之才,走进社会。因此,学会理解自己与他人的区别和联系,学会感恩,学会与人相处非常重要。

　　三年级的孩子对自己与他人关系的认识有了很大的提高,并慢慢开始认识自我,但这方面的认识还比较稚嫩。通过老师的引导和他们自己的实践活动,孩子们能够系统科学地进行自我探索以及增进对自己与他人关系的了解,能够理解自己与他人的不同,学会包容,能够感受自己与他人以及父母之间的联系,学会感恩。这将会让孩子的一生都受益匪浅。

　　基于以上背景,在有限的仪器设备条件下,我们将开设以"自己与他人的区别,自己与父母的联系"为主题的活动课程。小学生观察自己与其他人有哪些特点是不一样的,又有哪些特点与其他人是相似的。认真观察、搜集资料,不仅能够亲身体验科学,也能在这个过程当中学会整理分析,加深对自我的认识。通过各种形式的活动激发学生的求知欲,培养小学生对自身与自然、生活的好奇心,学会认识自我、独立思考,逐渐形成批判意识、合作意识、感恩之心以及社会责任感,体会父母与自己之间血浓于水。

　　本课程的理念是：认识自我,认识同学,认识父母,学会包容,学会感恩。按照三年级学生的认知规律设计课程主题、内容以及表现形式,通过多种方式激发学生学习课程的兴趣。学生通过观察自身、同学与父母的特征,认识自我和他人,并且通过记录、讨论和分析,学会理解人与人之间的区别和联系,学会包容不同外貌、不同性格的同学,在学习中形成合作与分享的态度,学会感恩父母,孝顺长辈。

二、课程目标

1. 认识个体与个体之间的区别与联系,并对此产生探究的兴趣;

2. 学会观察、记录,学会运用身边的互联网资源查阅资料,并且学会小组讨论,共同分析、整理材料;

3. 将调查结果以生命之树、照片墙、信任小游戏、角色扮演、感恩父母诗歌比赛等形式展现,形成良好的科学态度。

三、课程内容

本课程以"生命多彩,学会包容;血浓于水,学会感恩"为主题,根据学生学习的过程,将课程内容分为观察记录、对比分析、活动体验、分享感悟四个模块。具体为:

(一) 观察记录

认真观察自己、同学以及父母,包括外貌、性格、言行等。认真记录自己的观察结果,理解仔细观察、认真记录对探究的重要性。

(二) 对比分析

对观察结果进行对比分析,发现自己与同学、父母的相同与不同之处。对分析结果进行整理,完成生命之树作品展。理解每个人都各具特色、各不相同,才构成了丰富多彩的世界,人与人之间要懂得相互包容,相互欣赏。

(三) 活动体验

参与"信任游戏"、"两人三足"、"给盲人引路走台阶"等活动,明白虽然人与人之间是不一样的,但是同学之间是可以相互信任和帮助的。

与同学、父母一起制作照片墙,在活动中感受与他人的联系,学会互相理解、包容,感受父母对自己的爱与照顾,学会感恩。

(四) 分享感悟

总结此次活动的收获,并通过书信、文章、交流会等方式分享自己的感悟。以"感恩父母"为主题进行诗歌创作,表达对父母的感恩之情。

四、课程实施

本课程通过选编教材、互联网、多媒体课件、图像资料等多种渠道获取教学资源。课程包含资料收集、资料分析与整理、开展游戏、作品展示,共四个阶段,时间跨度为一个月。前三个阶段均在常规课堂或者班会课上实施,最后一个阶段在学校田径场或者体育馆举办。教学方法如下:

(一) 资源学习法

展示资料,引导思考。展示相关的多媒体资料,引导学生认真阅读,提取相关信息。针对三年级的小学生,应该多以视频、图片加上教师的生动讲解来展示资料,一方面可以让学生更加直观了解观察的对象(如:人的身高、体形、五官等特征)和观察的方法(如:对比法、归纳法等),发现人与人之间有很多特征是不一样的,另一方面也有助于初步培养学生的逻辑思维。

(二) 观察学习法

学生在日常交流活动中,认真观察自身与同学有哪些特征是不一样的,比如说有些同学可以卷舌,有些同学不可以卷舌;有些同学有耳垂,有些同学没有耳垂;有些同学的眼睛是偏黑色的,有些同学是偏褐色的;有些同学是单眼皮,有些是双眼皮等等。回家之后也要认真观察自己与父母有哪些特征是一样的,学生可以把自己的观察结果写下来,画下来,也可以用照片的形式记录下来,鼓励学生使用多种形式做好记录。

（三）合作学习法

4—6个学生自行组成一个小组，组内学生投票推选组长，由组长带领组员共同讨论，同学之间相互观察、相互讨论，将小组同学的特征用文字或者图画的形式分别记录下来。同学搜集好自己与家人的照片后，也可以进行小组讨论，共同讨论子女与父母之间的相似之处并记录下来。

（四）活动法

班主任开展"同学是一家，信任你我他"的主题班会，教师引导学生讨论同学之间信任的表现是怎样的，同学之间为什么要相互信任，自己最信任班上的哪位同学，哪些事情让自己觉得对方是一个信任的人等话题。开展信任小游戏，如三人一个小组，一个同学双手抱在胸前，往前倾倒，另外两个同学扶住。课后开展"两人三足"、给盲人（同学蒙眼来扮演）引路走台阶等游戏，让学生明白我们每个人是不一样的，如果团结起来，我们的生活可以变得更美好，提高同学团结意识，提高班级凝聚力。

（五）作品展示法

把自己的特征记录在各种形状的小卡片上，然后把这些小卡片贴在由教师准备的生命之树上。如某个学生有耳垂，学生就在一张小卡片上写上自己的名字和"有耳垂"（或者写上自己的名字，再画一只有耳垂的耳朵），然后在生命之树上耳朵树枝的下一级分支——耳垂小树枝上贴上代表自己特征的小卡片，其他特征以此类推，让学生学会包容，相互友爱。

学生搜集自己和父母的个人照以及合照，在照片墙上自己的位置粘贴，可以贴成心形、圆形、花瓣形等各种形状，自由发挥。每个学生用信纸写下自己有哪些特征与父母是相似的，父母对自己的期望以及自己对父母感恩的话，把信纸贴在专栏自己照片的下面。周末把墙搭好，之后预留3天时间让学生进行粘贴、创作、装饰，第4天进行集中评比。

五、课程评价

开好本课程的一个关键环节是做好课程评价,在这个课程开设中重视多种形式的评价,采用个人自评、学生评价、教师评价、家长评价、小组评价多元评价方式,使形成性评价和终结性评价相结合,自我评价与他人评价相结合,知识评价与技能评价相结合。

学生以完成生命树、制作照片墙、角色扮演、诗歌创作等多种形式形成学习的成果。具体评价方式有以下几种。

(一)表扬式评价

在小组合作讨论的过程中,教师对相互协作、认真积极的小组进行及时表扬。

(二)评选性评价

以年级为单位开展生命树制作、照片墙制作活动,将作品展示出来后,进行无记名投票,分别选出一等奖 1 名、二等奖 3 名、三等奖 5 名。

(三)赛事性评价

各班分别举行"两人三足"、信任游戏活动,小组之间进行比赛,对班内团结协作、照顾落后同学、配合默契的小组进行表扬。

(三)证书式评价

以年级为单位开展诗歌创作活动,先在班内进行诗歌创作及诗歌朗诵评比,每个班级选出 5 名代表进行年级比赛。最后年级选出一等奖 1 名、二等奖 4 名、三等奖 10 名、优秀奖 5 名,并颁发证书。

(课程开发者:彭丽君)

第五节　走近昆虫学家

　　昆虫学家的探索轨迹,如荆棘中散着鲜花。如何带领孩子走近昆虫学家,站在巨人的肩膀上披荆斩棘,摘取更高处的鲜花?

本课程适用对象：低年段

一、课程背景

　　科学,本身即是探索未知,发现真理,改造世界,造福人类的学问。科学是伟大的,科学更是多元的。作为科学的重要分支,昆虫学是以昆虫为研究对象的学科。昆虫学的进步发展,揭开了许多自然之谜,增添了我们对自然界的认识。

　　从事昆虫研究的人称作昆虫学家。遍及全球的昆虫学家对昆虫进行观察、收集、饲养和试验。他们是对真实自然及未知生命、环境、现象及其相关现象统一性的客观数字化重现与认识、探索、实践的人士。昆虫学家们的研究成果使我们能够管理昆虫,为我们所用。

　　昆虫学家们能取得辉煌的研究成就,正是源于他们所拥有的精神：锲而不舍、吃苦耐劳、勇于创新、敬畏科学、勇于探索知识的海洋。这种精神正是孩子们所缺乏的。让孩子走近昆虫学家,体会这些科学家的精神,让孩子在耳濡目染中受到熏陶,培养对昆虫研究的兴趣,生发出对科学探索的好奇心。

　　本课程的理念是：对话昆虫学家,悟科学精神。这门课程让孩子走近昆虫学家,阅读他们的成长故事,了解他们为昆虫学的进步和发展而不断奋斗的精神,感悟他们背后吃苦耐劳、甘于奉献、持之以恒、勇于创新的精神,不断探求未知世界的决心和勇气。在润物细无声中争做奋发向上、具有科学精神的少年儿童,肩负起实现"中国梦"的使命。

二、课程目标

1. 了解三位昆虫学家的生平事迹,知道他们的成长和奋斗历程;主动参与到搜集与评述昆虫学家的活动中来;

2. 感受并学习昆虫学家伟大的人格魅力和探索精神,增强为实现"中国梦"不懈奋斗的使命感。

三、课程内容

本课程以"与昆虫学家对话,感受人格魅力"为主题。让孩子了解国内外著名昆虫学家的故事和经历,感受他们孜孜不倦、坚持不懈、勇于创新、敬畏科学的伟大精神和人格魅力,点燃起心中对昆虫学的向往。基于不同的昆虫学家,将内容分为走近法布尔、走近胡经甫、走近张广学三个模块,具体为:

第一模块:走近法布尔

主要学习内容为昆虫学家法布尔的故事。阅读《昆虫记》、《阿维尼翁的动物》等著作的节选文段。通过法布尔研究昆虫的事迹,了解研究昆虫的方法,学得昆虫的种类,感悟法布尔身上所具有的科学精神,即为追求科学真理勇于探求,在困难面前不屈不挠的人格魅力与精神。

第二模块:走近胡经甫

主要学习内容为我国昆虫学的奠基人之一、著名的昆虫学家胡经甫的故事。阅读书籍《中国昆虫名录》、《中国的石蝇》、《生物学与中国之关系》等的节选文段。让孩子了解胡经甫身上所具有的科学精神,以及为民族振兴奋斗的爱国主义精神。

第三模块:走近张广学

主要学习内容为昆虫学家张广学的故事。阅读书籍《棉蚜及其预测预报》、《棉花害虫的综合治理》、《中国经济昆虫志》等的节选文段。张广学身上的这种精神正是当代学生所缺乏的。孩子在学习的过程中受到人格的熏陶,主动与科学家对话,学习科学家不怕困难的精神和勇气,在自己的实际生活与学习中践行。

四、课程实施

本课程通过选编教材、互联网、多媒体课件、视频资料等多种渠道获取教学资源。以每学年为一个教学周期，上学期 2 课时，下学期 2 课时，共 4 课时。实施的教学方法如下：

（一）资源学习法

围绕课程的不同模块，教师及孩子通过图书、网络等途径，收集相关资料，从而更深入、深刻地了解科学家的事迹与精神。通过阅读相关书籍或讲述故事，孩子们更具体地了解科学家的事迹，感受科学家的人格魅力、人文精神，从而激发与培养强烈的爱国主义精神。

（二）感受分享法

开展"说说心中的昆虫学家"活动，让孩子们将自己心中的昆虫学家通过语言、表演等形式展现出来，大胆表达自己对昆虫学家的感受与受到的启发，不仅拉近孩子们与昆虫学家的距离，进而引起共鸣，同时也锻炼了孩子们的语言表达能力。

（三）场馆学习法

场馆学习是孩子们学习本课程的重要方式。教师将会根据课程进度推荐中山大学生物博物馆、广州博物馆自然科学馆等相关的场馆，发动孩子及家长在课余时间进行参观学习，在场馆中熏陶与感染，进而撼动孩子的心灵，使孩子从感性上和理性上更深刻地体会昆虫学家的精神。

五、课程评价

现代教育的评价理念是发展性评价和激励性评价。基于这个理念，本课程的评价将以学生为主体，采用以每周、每月的基本常规形式的评选活动为主的过程性评价。在课程结束的时候采用总结性评价的方式对学生进行评价。同时，在评价过程中，重视和尊重学生的观点和想法，给予学生一定的肯定和赞赏。具体的评价方法如下：

（一）展示性评价

本课程每个课时都有"说说自己心中的昆虫学家"这一项活动，每个小组学生有五分钟左右的时间。不仅为伙伴们讲述自己所了解到的昆虫学家的事迹、感受到的昆虫学家的精神，也大胆表达自己的所思所想及行动计划：在自己的学习和生活中如何向昆虫学家学习。教师将相机进行引导与点评。活动的目的在于提高学生语言组织和表达的能力以及大胆展示自己风采的精神。

（二）作品性评价

在课程即将结束的时候，举办"绘画自己所观察到的昆虫"活动，通过班级展板来展示优秀学生的作品。此项活动通过图画、观察等各方面的技能展现学生的综合素质，提高学生的能力。

（课程开发者：叶淑桦）

第六节　科学 show 出彩

晨曦破晓，阳光依在，我们穿梭于光影之中，沿着科学的轨迹前进，如何让孩子用魅力的言语、艺术的肢体来演绎科学的真理？

本课程适用对象：高年段

一、课程背景

2017 年 6 月，第一届中国 STEM 教育发展大会在成都隆重举行，中国教科院和 STEM 研究中心联合发布《2017 中国 STEM 教育白皮书》，首次从国家战略的

高度提出当代学校开展 STEM 教育的战略意义。STEM 教育,即把科学(S),技术
(T),工程(E),数学(M)四门学科教育整合成一个跨学科跨领域的综合教育,白皮
书清晰地阐述了中国开展 STEM 教育的意义:培养孩子的科学精神和实践创新
素养,培养孩子的科学探究能力、批判性思维、信息技术能力等未来社会必备的技
能和品质,为培养创新性人才奠定基础。

　　小学科学的主要内容在授课中要与语文、数学、社会等课程内容相互渗透,从
而促进孩子的全面发展。

　　基于以上背景,我们将开设基于 STEM 教育背景下的科技节综合实践活动课
程,孩子通过学习最新科技知识,了解最新科技动态,创作科技节演出剧目,通过
各种活动形式"show"出学生的科技理念与技能,分享他们的所学所获,激发他们
学习科学课程的兴趣。通过探究活动和跨学科学习,初步形成微探究成果。总
之,按照《义务教育小学科学课程标准》的建议,在教学实践中尝试 STEM 教育,培
养学生的创新能力和科学素养。

　　**本课程的理念是:以"学"普及科技知识,以"写"展示科技构想,以"演"激发科
学探究兴趣,以"评"描述学习过程,以"创"形成科技学习成果。**按照学生的认知
规律设计课程内容,主要包括物质科学、生命科学、地球与宇宙科学、技术与工程
四个领域。通过各种方式激发学生学习科学课程兴趣,在课程设计中充分渗透
STEM 教育理念,培养学生的科学精神和动手实践能力。

二、课程目标

　　1. 学习科普知识,丰富科技视野,对科学探究产生兴趣;

　　2. 尝试写作科普话剧剧本、微电影剧本和科普活动实施方案,具备初步的写
作能力与逻辑推演能力;

　　3. 将科技知识融入艺术表演中,大胆展示自己的表演才能。

三、课程内容

　　根据学生不同年龄层次的认知规律和身心发展特点,在课程设计中渗透

STEM 教育理念,具体分为以下几个板块:

(一) 学习与阅读

了解前沿科技知识与动态,如人工智能、航天知识、物联网、云计算、新能源知识、3D 打印技术、自动驾驶、太空火箭回收等,形成关注当代科技进展与动态的良好习惯。

(二) 写作与构思

1. 小组合作,开展科学探究,撰写科技节"科普秀"活动方案和实施计划。
2. 撰写科普话剧剧本、微电影剧本、办科普小报等。

(三) 表演与展示

举办校园科技节,进行科技节目表演,让科技知识与艺术有机结合。

(四) 总结与评比

1. 以小论文、小发明、小制作等多种形式展示科技学习的成果。
2. 总结本次科技学习的收获。

四、课程实施

学好本课程需要各学科的支持和帮助,学校要营造崇尚科学的氛围,把 STEM 教育理念植入学生内心。本课程共 20 课时,实施路径与方法如下:

(一) 学习与阅读(第一阶段)

核心词: 学习　普及　读书

其一,利用科学课程普及最新科技知识与动态。其二,开展科普大讲堂。科技节邀请专家来学校做科普讲座。其三,开展亲子科学课堂。每班学生邀请父母在班上分享自己工作当中运用的科学知识与原理。同时孩子也能了解家长的职业,增加家校互动。其四,开展"科普书籍大家读"阅读活动。

（二）编写与构思（第二阶段）

核心词：创意　逻辑　构思

各班学生在语文老师的帮助下，办科技知识小报。学生分组策划、撰写科普活动方案，有能力的撰写微电影剧本、微视频剧本、科技话剧剧本等。

（三）表演与展示（第三阶段）

核心词：表现　热情　魅力

举办校园科技节，开展"科普秀"活动。把科学与舞蹈、话剧、魔术、美术等艺术形式结合，举办科幻画展。举办一场别开生面的"科普秀"大型演出活动。在条件许可的情况下参观博物馆、科技馆、科研基地、高新企业等。

（四）总结与评比（第四阶段）

核心词：分享　交流　总结

以年级为单位开展班级科技小报评比活动、小论文评比活动、小制作评比活动、"科普秀"评比活动等。

五、课程评价

课程评价是课程的关键环节。因此本课程将重视多种形式的评价，采用个人自评、教师评价、小组评价的多元评价方式，使形成性评价和终结性评价相结合，个人自评与他人评价相结合，知识评价与技能评价相结合，以此评选出"科技小达人"并授予证书。

评价放在课程的最后阶段，在总结与评比的时候，学生回忆自己在整个活动中各个阶段的表现对自己做出评价。小组评价则通过自我总结反思和组员讨论后得出评价结果。评价标准主要包括学生阅读书籍数量、动手实践能力以及在活动中的参与度。

科技节综合实践活动课程评价表
你的评价是？ 满意　一般　需努力

学生姓名：		班级小组名：		
评价维度	自我评	小组评	老师评
1. 学习科技知识的态度与阅读量			
2. 制定科普活动方案或剧本的完整性和可行性			
3. 参与"科普秀"的热情和积极性			
4. 分享交流时言之有物、语言表达流畅			
5. 有小论文、小制作、小发明等（任意项即可）			
6. 从科技节上获得的启发与经验			
体会：			
同学评语：			
老师评语：			

（课程开发者：张瑶）

第七节　走进大自然

陌上花开，美景良辰诉说生命故事。我们如何教会孩子用澄澈的双眼，窥见自然的真谛，从复杂缤纷中感受生命的奇幻？

本课程适用对象：四年级

一、课程背景

小学生正处于发育阶段，他们精力充沛，活泼好动，富于幻想，对周围一切事物都充满好奇心。让孩子们走进大自然，了解、认识动植物世界的神奇、美妙,提高学生的自学能力、探索欲望,这就是我们说的"授之以鱼不如授之以渔"。

本课程将以开展"走进华南植物园"和"走进广州动物园"两次活动为契机,进一步打开孩子们瞭望世界的窗口,让孩子们在美丽的户外环境下,呼吸新鲜的空气、体验和感受花花草草顽强的生命力。通过孩子们自己观察、了解、认识动植物,激发孩子对动植物的热爱之情、对大自然的探索之心。

课程理念:走进大自然,感知世界的精彩。我们应该在课堂教学的基础上,大力开展"走进大自然,感知动植物世界的美好神奇"的主题活动。培养孩子们对动植物的喜爱之情,加深对动植物的认识和了解。

二、课程目标

1. 认识、了解动植物,加深对动植物的喜爱;

2. 懂得如何正确与动物相处,形成保护动物的意识,在生活中自觉爱护动物;

3. 增强同学间的友谊、团结及凝聚力,培养集体意识、合作精神、敢于担当的责任心。

三、课程内容

本课程以"走进大自然,感知动植物世界的美妙神奇"为主题,让孩子们在课外实践活动中会用自己的眼来观察,用自己的心来体会。为让孩子们进一步亲近大自然、感受生活,课程根据活动地点与主题的不同,分为走进华南植物园和走进广州动物园两个板块。

(一)走进华南植物园

观察花类植物如金银花、曼陀罗、百子莲、玫瑰等,了解学习花的结构、生长环境、生长习性。通过学习莲雾和神秘果,了解果子的外形特征、色泽味道、生长环境、成熟周期。

（二）走进广州动物园

了解脊椎动物和无脊椎动物的分类方法。通过观察和学习，了解鲨鱼、蛇、鸽子、狮子、老虎等脊椎动物的生态习性、外貌特征、生长环境等。了解蚯蚓、田螺、乌贼等无脊椎动物的外貌特征、分布、分类、生态习性等。

四、课程实施

本课程以每个学年为一个周期，每个学期各开展一次。每次活动开展时间是一天，由家长组织和老师协调一起带学生外出实践。实施的教学方法如下：

（一）行动体验法

组织孩子到华南植物园或广州动物园，让孩子们通过亲眼观察、亲手试探、亲耳听闻，感受事物真真切切地存在，让孩子们能够有亲身体验的机会和平台。

（二）合作学习法

孩子们通过分小组（六人或者八人一组）互相学习、互相帮助，分小组实践学习。合作学习共有三个环节：第一是活动前的资料搜集，如利用网络、课外书籍、报纸等途径搜集相关的图文、视频材料等。第二是活动时的观察学习，利用纸、笔、照相机等记录观察学习动植物所需的相关资料，分析对比数据。第三是活动后的分享，以学习心得、手抄报、作品展示等形式巩固交流、加深学习印象。

五、课程评价

本课程以"走进大自然，感知动植物世界的美妙神奇"为主题，因而课程评价将特别关注学生的个性化体验，以点赞式评价与证书式评价为主，具体评价方式如下：

（一）点赞式评价

每次的课外活动结束后根据孩子们的参与热情度、小组成员之间的配合、最后的展示成果进行点赞式评价。带队老师和学生家长、小组长从表格的各个考核方面决定"点赞"或者"不点赞",最后将三者的三份评定表得赞总数相加。获赞最多的前五名同学可获得"小小实践家"、"小小智多星"荣誉称号。

学生姓名	参与热情(活动前)	成员配合(活动中)	活动收获(活动后)

(二) 证书式评价

活动结束后开展一次全体性的作品展示会。鼓励孩子们将自己的所见所闻以个性化的形式进行展示,如:手抄报、学习心得、培育或饲养的动植物等。

教师根据学生所展示的作品,评选出"观察小能手"、"植物专家"、"动物专家"等荣誉称号,并颁发证书进行表彰。具体评价维度如下:

1. 作品内容:主题鲜明、积极向上,能真实反映所见所闻。
2. 作品形式:结构完整、形式新颖,能很好地展示动植物的主题。
3. 态度:积极观察、团结协作、勤于思考。

（课程开发者:翟海媛）

第八节 机器人与编程

机械之手,智能之光,路漫漫其修远兮。机器与编程无法汇聚成爱与真心,我们如何教会孩子用爱与真心去创造属于人工智能的奇迹?

本课程适用对象: 高年段

一、课程背景

机器人课程是现在非常热门的适合于青少年儿童的科学类课程的一种,机器人课程很好地与两个传统科目——数学以及物理相结合,基于学生兴趣,倡导创造,鼓励分享,能够培养学生的跨学科解决问题能力、团队协作能力和创新能力。机器人课程以自身的趣味性、创新性和实践性不断吸引着孩子和大人们的广泛关注。机器人是一种具备一些与人或生物相似的智能,具有高度灵活性的自动化机器,它是整合机械、电子、计算机、信息技术、材料和仿生学等多学科的产物。机器人学习可以体验对科学与技术的探究、培养积极的学习态度和求真务实、感悟创新的科学精神。课程以机器人为核心载体,融合科学、数学、物理、艺术等学科知识,契合了学生天生拥有的好奇心与创造力,有利于培养学生的想象力、创造力以及解决问题的能力。

高年段的学生已经有了比较丰富的知识积累,认知水平有了显著的发展,学习能力非常强,能够理解和学习机器人以及编程的相关知识,这是"机器人与编程"课程的开展的最重要的基础。

本课程秉持以下理念:我用知识创造未来。通过"机器人与编程"课程的学习,让学生了解机器人,由学到做,让学生的想象力变为现实存在的机器人。让学生自己编程序,培养逻辑思维,由使用到编程,让学生感受机器人的无穷魅力,培养创新能力、解决问题的能力,成为创新型人才。

二、课程目标

1. 初步了解机器人工作的原理,对机器人的学习产生浓烈的兴趣;
2. 动手实践,设计并组装机器人,增强问题解决能力、团队协作能力;
3. 在自己设计、组装机器人的基础上,修改已有的程序或者编写自己需要的程序;在学习、参与、乐于探究的过程中提高逻辑思维能力、创新思维能力。

三、课程内容

本课程秉承"我用知识创造未来"的理念,内容分为以下三个模块:

(一)认识机器人

了解机器人的发展和应用现状,理解机器人的概念和工作方式,为进一步学习机器人技术的有关知识打下基础。

认识机器人的意识——程序,体验编写程序的乐趣。认识机器人的大脑——控制器,清楚控制器的各个接口与作用。认识机器人的肌肉—— 马达,了解机器人动力的来源。认识机器人的眼睛——红外传感器、光电传感器,了解机器人是如何看见周围世界的。认识机器人的耳朵——声音传感器,认识机器人是如何识别不同声音的。认识机器人的手——触摸传感器,认识机器人是如何触摸到世界的。

(二) 制作机器人

完成机器人的设计构想,动手组装机器人。

(三) 修改或编制机器人程序

学习编程的相关知识,动手修改和编制机器人的程序。

四、课程实施

本课程面向五、六年级学生,根据学生的兴趣爱好展开针对性教学。每学年为一个教学周期,上学期 14 课时,下学期 14 课时,共 28 课时。每周一课时,每课时 90 分钟。

(一) 学基础,会拼装

学习机器人搭建的结构入门基础,从零开始,学会如何去搭建简易的模型,了解不同结构的不同作用。从正方形、长方形、三角形等简单图形开始搭建,从二维直角到三维立体,了解不同形状结构的稳定性,学会辨别在不同情况下应该选取哪些结构。

(二) 齐协作,会模仿

当学生掌握基础的搭建方法以后,给学生分组,一起模仿老师给出的不同机器人模型进行搭建,小组齐心协力合作完成,先学会如何搭建一个跟老师要求一致的机器人。

（三）知程序，能运行

学习机器人程序的基础知识点，并能将简单的图形化编程程序导入到自己搭建的机器人中去，并且能够按照自己预想的去完成指令动作。

（四）巧改进，能编程

根据测试的机器人情况，能独自巧妙地进行改进，让机器人的结构更加地优化，能独立完成程序的编写改进及优化。

五、课程评价

本课程在评价方式上，做到形成性评价与总结性评价相结合，学生自评、学生互评、老师评相结合，并在不同的学习阶段采取不同的评价方式。

在学习的第一、第二阶段，老师应及时对学生的表现作出反馈，并让学生之间相互提出对方的优点和不足，学生自评并反思改进自己的学习方式。同时通过师生共同投票评比出"最佳合作小组"。评比维度如下：该小组在共同组装机器人时是否分工明确，组员间是否紧密配合，以及该小组组装机器人的速度。

在学习的第三、第四阶段开展机器人展示大赛，通过师生投票选出"最酷机器人"。评价维度如下：机器人所能完成的动作的数量多少及机器人完成动作的敏捷度和灵活度。

（课程开发者：张瑶）

第五章

百步启智，开拓思维世界的大门

数学是一门充满科学与智慧,颇具人文底蕴的学科。在数字、符号、公式里,除了科学的理性、亘古不变的真理外,还有美的元素、炽热的情感、跳跃的思维……我们能真切品味到数学的诗意,感知数学内涵的丰富性。数学课程要冲破知识和技能的束缚,走向生命之智慧,让每个儿童都能充分张扬个性,自主学习,充分发展,享受学习的快乐,感受智慧的力量,让数学充满智慧的挑战。

数学是一门充满科学、充满智慧,颇具人文底蕴的学科。在数字、符号、公式里除了科学的理性、亘古不变的真理外,还有美的元素、炽热的情感、跳跃的思维……我们能真切品味到诗意的数学,感知数学内涵的丰富性。这就对传统的数学课堂提出了新要求,新时代的数学课不仅要让学生冲破知识和技能的束缚,又要让学生发散个体的创造性思维,充分张扬个性,发展数学逻辑思维,享受数学学习的快乐,感受自己智慧的力量,真正让课堂教学绽放出新光芒。所以,究其根本,我们应致力于培养学生的思维,"三思"而致知,即敢思、懂思、勤思。

众所周知,思维能力是学习能力、接受能力与智力因素的综合反映。学生只有通过有效的思维训练才能将所学知识运用到解决实际问题之中。同时,思维是理解知识的必要心理因素。人们无论学习什么知识,都必须深刻地理解它;而要深刻地理解所学的知识,就要进行独立思考。正如拿破仑所言:"思考会改变一个人的命运。"孩子思维水平的高低,主要体现在独立思考能力上,能够独立思考的孩子,思考问题的时候严谨科学、思路清晰,得出的结论会证据充足、符合逻辑。事实正是如此,有独立思考能力的人,才会有创新能力,进而更好地掌握人生。孩子学习任何知识,都必须牢固地掌握它,而掌握知识需要进行积极思维。

不同的思维碰撞出的火花定能将夜空点亮,指引我们朝着目标奋勇前行。启智课程是学生发展思维的良好载体,数学毋庸置疑是其最重要的载体之一。快乐的数学学习不仅能够提高学生数学学习的效率,还能促进学生数学思维的发展。新小的百步启智课程,遵循孩子身心发展的规律,结合学校特征和学生水平的差异性,科学合理地设置了三大课程,对启智课程进行拓展延伸:一是数学比赛类课程,巩固和夯实教材内容,丰富学生的学习视野,帮助学生体会数学内涵,提高数学素养;二是思维游戏类课程,通过日常早午读的专项训练,将抽象的数学知识渗透于孩子们喜欢的游戏中,拓展他们数学知识的广度和深度,提高思维的灵活性;

三是应用实践类课程,让学生通过真实的实践活动,培养协调意识、规划意识、优化意识。

数学比赛类课程是开发学生潜能的源泉活水。"我是计算超人"、"计算小达人"、"心算小能人"等系列课程,每周安排两节课,孩子们在这类课程里会循序渐进学习到计算的巧妙,同时能不断开发数学思维能力。课程主要通过老师的讲授,孩子的实践练习的形式进行,最后的"分数挑战赛"、"方城大战"等系列课程则以比赛形式进行,一个环节紧扣一个环节,最大限度开拓孩子们的数学思维能力,增强他们学习数学的自信心。

思维游戏类课程是激发学生兴趣的快乐王国。例如"侦探推理社"、"百家争鸣"、"博弈"、"玩转"等系列课程的实施主要是通过游戏和比赛的形式进行。用游戏的方式实施能够拉近孩子与数学、思辨的距离,体会其源于生活又高于生活的内涵。举办相应的游戏活动会极大地激发孩子们学习的热情,从老师的启发式引导到个人数学思维力的发展,孩子在这两学年里必将在学到更多的数学知识的同时不断拓展他们的数学思维能力,为他们日后的学习打下坚实的基础。

应用实践类课程是学生获取新知的沙漠绿洲。例如"运输CEO"、"植物园林局"等系列课程将每周安排一节课的时间,专门用来让孩子们较为系统地进行学习,让孩子从最基础的东西学起,一步一个脚印,慢慢地发展自己的能力,建构起属于自己的数学逻辑思维。数学的学习并不一定是枯燥的,也可以是多样的、快乐的,孩子们会感受到数学学习给他们带来的乐趣。同时专心致志、坚持不懈等一些精神文化也会对孩子产生潜移默化的影响。

我们深知教育的初始含义是教学,课堂教学是教学的基本形式,课堂教学是师生同步思维的过程。但是在三大课程的实施过程中我们应确保教学内容和教学目标要符合学生不同阶段的基本学情和认知规律,适合学生思维水平和能力发展;其次,在实践思维策略的过程中,要注意教师输出的思维水平与学生输入的思维水平相切合。这样,学生就容易理解和消化知识,否则,不是思维水平超前,就是思维水平滞后。这就像养花一样,浇灌不及时,不是缺水就是水分过多,会使思维的须根受挫伤,使智慧之花枯萎。

百步启智课程,让新小的孩子们在轻松和谐的课堂氛围中,唤起学习兴趣,激发学习潜能,鼓舞学习斗志。在愉快的情感体验中,孩子能深切体验到百步启智课程的独特魅力，即：让孩子们精神焕发、思维活跃。正如恩格斯所言，思维是"地球上最美丽的花朵"。花朵的生长离不开阳光、雨露、泥土的滋养，思维对于教育的作用也是一样，思维使人类建造了宏伟的科学大厦，培育出绚丽多彩的艺术花圃，创造了光辉灿烂的现代文明。诚然，作为育人的载体，"启智课程"是我校"百步梯课程"体系下，以提高学生的思维能力，呈现多元化的数学学习方式。我们坚信在百步启智课程理念的指引下，我们定能给每位新小的学子播下一颗"敢思、懂思、勤思"的种子，真正有效地锻炼和提高孩子的思维能力，让今天还是嫩嫩的芽尖儿，明天成长为参天大树！

（撰稿者：林浩新　陈丹纯）

第一节　玩转·纸牌

环游于趣味盎然的纸牌王国里，孩子流连忘返，不亦乐乎。如何让孩子在玩转纸牌中邂逅思辨的美好，并与之结下不解之缘？

本课程适用对象：中年段

一、课程背景

"算 24 点"是在学生学习了表内乘除法的基础上进行的，学生以玩扑克牌的形式进行加、减、乘、除运算，结果为 24。

数学来源于生活，又应用于生活，只有在真实的情境中才能使学习变得更为有趣、有效。

在教学过程中，我们发现孩子的数感不足，计算不熟，思维不活跃，计算速度慢，准确率低。这个情况越到中高年级越突出，特别是四则混合运算，更是令人头疼。因此，在数学常规计算教学的基础上，应该把趣味数学引入校园中，将纸牌上的数字带入到课堂中，提高学生的数感，锻炼多维的计算能力和逻辑推理方法，让学生借助数学纸牌游戏领略数学美，同时，让他们在学习中积极探索，在探索中不断体验成功的乐趣和美感。

数学教学应贴近学生生活,创造有意义的生活情境。玩是孩子的天性,教学应顺应孩子的天性。孩子们喜欢玩,我们就把"玩"引入孩子的数学学习里,把"玩"引入学生的学习活动中,把"玩"引入课堂,"玩转纸牌"活动课程的探索与实践就这样孕育而生。

本课程的理念是:玩中学、学中乐、乐中获。该课程紧紧围绕核心理念,尊重数学计算学习的算理和算法,通过纸牌举行"算24点"等游戏活动,让学生体验数学来源于生活,应用于生活;同时增强学生学习数学的兴趣,提高学生数学计算的能力、独立思考和探索的精神,力争实现:人人学有价值的数学,人人都能获得必需的数学知识,不同的人在数学学习上得到不同的发展。

二、课程目标

1. 感受数学计算的神奇魅力,增强探索求知欲望;

2. 体验数学在生活中的乐趣,感受数学计算在生活中的运用,掌握数学学习的方法;

3. 发展和提高数感,为进一步学好计算打下坚实的基础,树立学好数学的信心。

三、课程内容

本课程以"挑战24点"为主题,本课程的内容分为以下模块:新手模式、进阶模式、高级模式。

(一) 新手模式

学生初步了解24点游戏规则:老师指定四张牌,学生用加、减、乘、除四则运算把牌面上的数字算出结果为24,每张必须用到,而且只能用一次。了解游戏规则后,学生以玩扑克牌的形式进行实践。

（二）进阶模式

学生在玩扑克牌的过程中掌握"任务阶段"的游戏规则：通过指定的四张牌得到 24 点；通关后进入"刷级阶段"，学生将互相扮演"小老师"出题，直接给出四个数字，由其他学生解答。

挑战模式有利于调动学生学习的积极性，既增强对数学的亲近感，培养合作精神和创新意识，又巩固了已有的知识，激发学生学习数学的兴趣，使他们更喜欢数学。

（三）高级模式

学生在玩扑克牌的过程中熟练掌握本模式的游戏规则：能对给出的四张纸牌中给出多种解法。在游戏中学习，挑战多种解决方法，大大提高了孩子们的计算兴趣和能力，同时也培养了孩子的合作意识和多角度思考问题的能力。

四、课程实施

本课程在实施之前，教师根据学生当下学时的计算学习进度和计算能力，同时结合不同阶段的孩子的心理特征及其认知发展的阶段性，精心为孩子设计最适合他们的游戏活动内容。

本课程实施时间将分布到每学年的数学早午读中，时间跨度为两学年。遵循从易到难的原则，设计以下三个活动：

（一）新手上路（三张牌算 24）

热身游戏：老师随意抽 1—9 九张牌中的两张，让学生抢答，学生从游戏中明白根据乘法口诀算 24 点时找 3 和 8、4 和 6 是很重要的。

青蛙过桥游戏：由老师指定两张牌，算不出 24，但根据选的"加、减、乘、除"四座桥能得到不同的结果，走到不同的岸边，渗透算 24 时，除了乘法，加法、减法、除法也是很重要的方法。

动手搭桥游戏，让学生从手中的九张牌中再找出一张，和老师给的一共三张牌算出 24。

让游戏活动贯穿整个新手模式,学生观察各种算法,总结出用三张牌算 24 点的技巧方法。

(二)能手展示(四张牌算 24)

从 1—9 九张牌中找出四张牌算出 24,巩固了算 24 点的方法,从三张到四张体现了由易到难、由扶到放的原则。在此活动中我设计了三种题型:必答题、抢答题、风险题。三种题型由易到难,让学生掌握四张牌算 24 的方法和技巧,并达到巩固升华的目的。

(三)高手擂台

先出示比较好算的 1、2、5、8 四张牌,分小组讨论,让学生探究出不同的算 24 点的方法,并进行方法归纳总结。渗透同样的四张牌可以有不同的算法。将全班同学分为四个小队,以比赛的形式贯穿。三、四年级学生爱争强好胜,分队比赛的形式,一下就把学生参与的热情调动起来了。

此外,学校的数学墙报和知识竞赛活动也渗透主题,举办相应的年级竞赛,让数学学习氛围更浓厚。

五、课程评价

本课程以评选性评价及展示性评价方式相结合,评选主体多元化,如自评、同学评、教师评、年级评等,发挥评价的激励作用,让孩子体验数学在生活中的乐趣,进而发展和提高数感。

(一)展示性评价

在课堂上让学生出一组数字解释解法,鼓励学生展示自己在 24 点游戏中的学习心得和体会,分享其在游戏中发现的规律。

(二)"小组学习之星"评选活动

小组内采用积分制评价,选出小组长负责记录积分,想出一种方法积 1 分,代表小组发言积 2 分,积分高者获选。

(三)"数学学习之星"评选活动

教师根据游戏任务完成量(满分 10 分),小组展示成果(满分 5 分),课堂讨论过程参与度(满分 5 分)给每个学生评分,评选出每周的"数学学习之星"。

(四)"小小数学家"评选活动

以班级为单位,每学期开展一次数学"24 点"的计算能力竞赛,评选出"小小数学家"。

(课程开发者:陈丹纯、数学科组全体教师)

第二节　玩转·七巧板

一个简单的图形仿佛一棵拥有生命的树。如何让孩子用七巧板的 72 变,轻叩图形世界的大门,探索几何空间的奥秘?

本课程适用对象: 低年段

一、课程背景

《数学核心素养》在小学阶段提出:"实践操作与数学思考相结合,培养空间观念。"在学生平面图形的学习中,我们要充分利用学生已有的生活经验,找准发展空间观念的支点。因此,可以把具体形象的七巧板带到数学课堂。七巧板由七块板组成,拼出来的图形千变万化。通过拼摆七巧板,学生在"玩"中学习,在"玩"中创造,同时培养了空间想象能力,锻炼了动手能力。人教版一年级下册数学教材中有七巧板相关内容:"用一套七巧板拼三角形,看谁拼得多。"本课程开发作为此内容的拓展和延伸。"七巧板"是一节活动课,在学生初步认识长方形、正方形、平行四边形、三角形的基础上进行,按照由易到难的顺序进行按样拼图、按图分解、按题拼图的活动。

我们在教学过程中发现,小学生的认知思维能力的发展主要依靠具体形象思维,抽象思维能力较薄弱。在平面图形的学习中,七巧板以游戏的形式帮助学生形成概念和视觉记忆,并发挥学生的想象力,培养学生的空间思维能力。"玩转七巧板"活动课程应运而生。

本课程的理念是:拼摆中实践,思考中创新。本课程针对低年段儿童,通过七巧板系列游戏活动让学生在自己动手实践中寻找平面图形的奥妙,体验数学的乐趣与魅力。同时通过自己的思考进一步发展空间思维能力以及创新能力。

二、课程目标

1. 初步了解七巧板中的几何图形,感受图形的魅力,增加学习七巧板兴趣;

2. 体验平面图形拼摆的奥妙,掌握基本平面图形拼合方法,感受平面图形在生活中的运用;

3. 尝试用七巧板大胆创作新图形,发展空间观念,提升创造力。

三、课程内容

本课程以七巧板游戏挑战为主题,本课程内容分为三个模块:按样拼图、按图分解、按题拼图,具体如下:

(一)按样拼图:学生初步感知七巧板组成图形,了解七巧板使用规则并尝试运用七巧板拼出指定图形,每块板必须用到,不能重叠,对游戏形成初步的感知。这一内容是在学生初步认识基本图形的基础上进行的,学生以拼摆七巧板的形式进行。

(二)按图分解:画出图形轮廓。学生根据轮廓先用七巧板尝试拼摆图形,再用画图的方式把图形分解成七巧板的基本图形。这一内容是在学生学会按图拼样的基础上进行的。

(三)按题拼图:由教师出题目,学生根据题目自由想象图形,并能用七巧板拼出目标图形。教师根据学生作品创意程度、与主题符合程度作出评价。这一内容是在学生基本熟悉七巧板的拼摆规则，了解基本操作的前提下进行的。

四、课程实施

本课程共 20 课时，适合对象为一、二年级学生。场地安排在教室。课程实施前每个学生准备一副七巧板、纸笔、尺子作为教学工具。实施过程如下：

（一）初步感知
学生按照老师的要求来拼图。

从七巧板中先后选出两块板、三块板，拼出学过的数学图形。

教师引导学生用一副七巧板拼出一个正方形。先挪动正方形其中两块，把它变成一个三角形；再挪动三角形其中一块，把它变成一个长方形；最后挪动长方形其中一块，把它变成一个平行四边形。

（二）动手操作
"七巧板"的按样拼图中的数字、动物、人物和故事是四个实施内容，遵循循序渐进原则，重视基础练习，逐步提高学生七巧板的拼摆水平。通过模仿，让学生熟悉各拼板之间的几何关系，掌握一定的组拼技巧和拼图的基本规则。

完成数字 0—9 的拼摆。在数字拼摆过程中渗透基本图形的拼搭技巧。

完成动物、人物的拼摆。如：蜡烛、桥、桌子、农夫、奔跑的人等。老师出示图形并引导学生运用已经学会的拼搭技巧拼出图案。

小组合作完成故事拼摆。老师出示诗句"举头望明月，低头思故乡"，并呈现几幅相应图案。小组成员每人分配任务合作完成故事拼摆。

（三）巧用分解
给出图形轮廓"在草坪上看书"，学生用一副七巧板尝试拼摆使其与图案轮廓重合。指导学生在拼摆过程中找大板和中心板，并根据轮廓特点正确拼出图案，在此过程中巩固七巧板的拼摆规律。教师指导学生根据拼摆图形画分解线。

（四）智慧创新

教师出示较有想象空间的题目：飞机。让学生自由想象，并利用一副七巧板拼出飞机图案。展示各种各样不同的飞机图形，在发挥孩子的想象力的同时，渗透同样的形状可以有不同的拼法。

五、课程评价

本课程评价以学生为评价主体，以开放创新为评价原则，关注个体特色。评价方式有赛事性评价，评选性评价等。

在每学期末，根据不同七巧板游戏方式展开不同的评价活动，具体评价活动操作如下：

（一）"按样拼图小能手"比赛

两人为一组，采用一对一 PK 晋级方式进行比赛。老师给出题目，所有小组同时用一副七巧板按照规则拼图，每组所用时间少的同学获胜晋级，所用时间多的同学淘汰。获胜同学继续随机组合比赛直到角逐出冠亚季军。

具体评价方法如下：每组两位同学所用时间少的一位获胜。两位同学所用时间相同时，思路清晰并运用七巧板拼摆技巧的同学获胜。在对方没有拼出图案前，可以用两种或两种以上方法拼出指定图案的同学直接进入决赛。

（二）"按题拼图我最优"评选

教师随机抽题，学生在规定时间内拼出指定主题。根据其作品的完成度，与主题符合程度以及创新程度评选出前十的作品放在班级进行展览。

具体评价维度如下：保证作品的完整性以及与主题相关。展示作品的同时表达自己的设计意图。师生根据作品以及其创意共同评选出最优作品。

（课程开发者：喻己华、数学组全体教师）

第三节　玩转·数独

物有万象，万象皆数。如何携孩子之手，翻转九宫之格，感悟数字的力量，让生命在数字里诗意地栖居？

本课程适用对象：高年段

一、课程背景

数独是一个古老的数字谜题游戏，数独盘面是九宫格（即 3 格宽×3 格高）的正方形状，每一宫又细分为一个九宫格。在这整个大九宫格的 81 格中给出一定的已知数字和解题条件，利用逻辑和推理，在其他的空格上填入 1—9 的数字，使 1—9 每个数字在每一行、每一列和每一宫中都只出现一次，游戏具一定难度，用此数独被称为"聪明人的游戏"。

数独的玩法逻辑简单，但数字排列方式千变万化，让学生用自己所有的想象力、逻辑推理和创新思维，去感悟游走在成功与失败一线间的体会，因为在游戏中只要犯了一个错误就得从头开始。游戏对青少年的心智锻炼起到很好的效果，也可以极大程度激起孩子对数学的学习兴趣，训练孩子逻辑思维能力，所以玩数独是一项锻炼脑筋的游戏。它不仅能有效地引发孩子对数学、对数字的兴趣，提高孩子的数感，而且能给学生成功的体验。

数独简单易学、便携，只要印出一张小小的卡片，就可以带着到处玩。它的独特玩法跨越了文字与文化的疆域，不受时间、地点、语言的限制，所以老少皆宜。完成数独的过程可以自己一个人玩，也可以是多人参与的过程，几个同学在一起玩，家人几口集体参与更好。因此玩数独可以培养学生的合作精神和与人相处的那种融洽氛围。

本课程的理念是：乐数独乐。让孩子乐于数独，在数独中找到乐趣，引导学生开展更丰富的课余生活，通过多种游戏，让学生的玩有更多选择，更开心，同时促进学生的智力因素和非智力因素的全面发展。

二、课程目标

1. 初步认识数独,掌握数独的游戏规则和基本技巧;
2. 提高观察、分析、逻辑、推理能力以及合作、领导能力;
3. 增强全局观念和克服困难、持之以恒的意志品质。

三、教学内容

本课程以"挑战九宫格"为主题,突出问题探究,引领学生在课程中体验、感悟。内容采用模块化设计,分为以下模块:初级模式(四字数独)、中级模式、高级模式、大师模式。

(一) 初级模式

学生初步了解四字数独的游戏规则:将 4 个大方格中的 4 个小方格中填入数字 1—4 的不重复数字,并使每个数字在每一行和每一列中都只出现一次即可。了解游戏规则后,老师给出题目,以小组竞赛答题速度的形式进行。

(二) 中级模式

学生将初级模式的竞赛体验带入中级模式来,将四字数独转化为九宫格数独,81 小格数字会先给出至少 30 格,并且分散均匀,学生在综合考虑后只需要有方法、有步骤地填入未知数字即可。

从四字数独到九宫格数独的跨越一定程度上增加了游戏难度,既能增加学生对数字的全面数感,也能培养学生的合作、创新意识,获得游戏成功的满足感。

(三) 高级模式

在九宫格数独里,81 小格数字只会先给出 25 格左右,并且分布相对中级模式更集中,学生在完成游戏挑战时不仅仅只是填入未知数字,在后面出现数字重复的情况下还需要不断试错性地填入数字,运用基础摒除法、区块摒除法、唯余解法、矩形摒除法等技巧提出多种解题结果,以增加答题数量的方式来刷级进阶。

(四)大师模式

在游戏挑战的最后一个模块,沿袭之前的小组竞赛以及答题数量,在挑战中进步,考虑到学生渴望表现的特点,让小组派出代表来讲解数独的具体解法,培养学生的领导能力。

四、课程实施

本课程实施之前,教师根据学生当下的学习内容,结合不同阶段孩子的认知发展特点,精心为孩子设置最符合他们的游戏挑战内容。

本课程实施时间将分布到每学年的数学早午读中,时间跨度为两学年。第一学年结束达到全部同学能在半小时内熟练完成初级三题或中级二题的目标。第二学年结束要求达到同学能在十五到二十分钟内能完成高级二题或在一节课完成大师一题的目标。遵循从易到难的原则,设计以下三个活动:

(一)新手上路(四字数独、九宫格数独)

数字谜语游戏:老师将四宫格或者九宫格做成谜面,放于黑板上,随意抽取任一谜语来做竞赛题目,让学生分小组抢答。到后面的九宫格阶段,可以让每个小组的学生根据数字的不同展示不同的探究结果,作为下一阶段的过渡。

(二)能手切磋(不一样的九宫格)

数字迷宫游戏:老师将九宫格高级模式下的题目根据难度设置成迷宫挑战的游戏形式,从唯一解到一题多解体现了由易到难、由局限到开放的原则,让学生掌握解决数独九宫格的不同方法和技巧,并达到巩固升华的目的。

（三）大师展示

数字魔术游戏：放手让学生对数独九宫格进行魔术解密，小组讨论数独的不同种算法，并进行总结归纳。呈现个别小组的结果，让其他小组讨论魔术数独的解决过程。

五、课程评价

本课程将竞赛性评价、积分制评价及展示性评价相结合，评价主体多元化，如小组评、教师评、班级评等，发挥评价的激励作用，让孩子体验数学学习的乐趣，进而发展和提高数感。

（一）竞赛性评价

在课堂上让不同组的学生竞赛给出数独的不同解法，鼓励不同组的学生对彼此的解法提出疑惑并获得解答。

（二）积分制评价

小组之间采用积分制评价，选出小组长负责记录积分，学生能给出解法过程积 1 分，解答别的小组提出的疑惑积 1 分，给出不同解法的积 2 分。每学期选出积分最高的前三名作为"学习积极小组"。

（三）展示性评价

展示性评价的方式有很多，可以是平时的数独解法，课堂讨论，活动日记，课后调查，学习体会等，评价不仅关注学生的活动结果，也要关注学生平时在活动过程中的发展与变化，关注学生在活动中表现出来的情感与态度，激励每一个学生在原有水平上生动活泼地发展。评价由整个班级推选，选出"数学学习王者"。

（课程开发者：陈丹纯、数学科组全体教师）

第四节　简便计算能手

　　数学之美哉,思维之妙也。如何让孩子领略计算的奥妙,采撷数学之真、之善、之美,用数学的语言看世界?

　　本课程适用对象: 五年级

一、课程背景

　　简便计算不仅是一种知识与技能,更是一种优化思想与方法。简便运算也是小学数学教学的重要内容之一,要求学生根据相关算式的特点,依据四则运算定律或运算性质,在不改变运算结果的前提下灵活处理运算顺序,使算式简便易算,它能使学生思维的灵活性得到充分锻炼,对提高学生的计算能力、应用能力起着重要的作用。

　　小学数学离不开数的教学,而简便计算是计算题中最为灵活的一种,也是小学数学计算题中最常见的一种。更是小学数学教学中的一部重头戏,它被视作对学生进行思维训练的一种重要手段,对提高学生的计算能力起到非常大的作用。

　　本课程的理念是:学会简便计算,爱上数学学习。 由于本课程针对的是五年级的学生,所以选取内容的时候,以易错题为主,通过教师的分析,学生的分享等方法,让学生感受到简便计算的魅力,从而爱上数学学习。

二、课程目标

1. 进一步理解、掌握已学的运算定律及相关计算题的结构特征;
2. 熟练运用运算定律和规律进行正确的简便计算;
3. 养成仔细观察、认真分析、选择方法的学习习惯。

三、课程内容

本课程以"学会,会用"为主题,根据简便计算的基本原理将本课程的内容分为交换律、结合律、乘法分配律、借来还去、拆分五个模块,具体为:

(一)交换律(带符号搬家)

当一个计算题只有同一级运算(只有乘除或只有加减运算)又没有括号时,我们可以"带符号搬家"。适用于加法交换律和乘法交换律。

例:$256+78-56=256-56+78=200+78=278$

$450×9÷50=450÷50×9=9×9=81$

(二)结合律

1. 加括号

当一个计算题只有加减运算又没有括号时,我们可以在加号后面直接添括号,括到括号里的运算原来是加还是加,是减还是减。但是在减号后面添括号时,括到括号里的运算,原来是加,现在就要变为减;原来是减,现在就要变为加。(即在加减运算中添括号时,括号前是加号,括号里不变号,括号前是减号,括号里要变号。)

例:$345-67-33=345-(67+33)=345-100=245$

$789-133+33=789-(133-33)=789-100=689$

当一个计算题只有乘除运算又没有括号时,我们可以在乘号后面直接添括号,括到括号里的运算,原来是乘还是乘,是除还是除。但是在除号后面添括号时,括到括号里的运算,原来是乘,现在就要变为除;原来是除,现在就要变为乘。(即在乘除运算中添括号时,括号前是乘号,括号里不变号,括号前是除号,括号里要变号。)

例:$510÷17÷3=51÷(17×3)=510÷51=10$

$1\,200÷48×4=1\,200÷(48÷4)=1\,200÷12=100$

2. 去括号

当一个计算题只有加减运算又有括号时,我们可以将加号后面的括号直接去掉,原来是加现在还是加,是减还是减。但是将减号后面的括号去掉时,原来括号里的加,现在要变为减;原来是减,现在就要变为加。(注:去括号是添加括号的逆运算,现在没有括号了,可以带符号搬家了哦)

当一个计算题只有乘除运算又有括号时,我们可以将乘号后面的括号直接去掉,原来是乘还是乘,是除还是除。但是将除号后面的括号去掉时,原来括号里的乘,现在就要变为除;原来是除,现在就要变为乘。(注:去掉括号是添加括号的逆运算,现在没有括号了,可以带符号搬家了哦。)

(三)乘法分配律

1. 分配法,括号里是加或减运算,与另一个数相乘,注意分配。

例:$45 \times (10 + 2) = 45 \times 10 + 45 \times 2 = 450 + 90 = 540$

2. 提取公因式,注意相同因数的提取。

例:$35 \times 78 + 22 \times 35 = 35 \times (78 + 22) = 35 \times 100 = 3\,500$(这里 35 是相同因数)

3. 注意构造,让算式满足乘法分配律的条件。

例:$45 \times 99 + 45 = 45 \times 99 + 45 \times 1 = 45 \times (99 + 1) = 45 \times 100 = 4\,500$

(四)借来还去

看到名字,就知道这个方法的含义。用此方法时,需要注意观察,发现规律。还要注意还哦,有借有还,再借不难。

例:$9\,999 + 999 + 99 + 9 = 10\,000 + 1\,000 + 100 + 10 - 4 = 11\,110 - 4 = 11\,106$

(五)拆分

顾名思义,拆分法就是为了方便计算把一个数拆成几个数。这需要掌握一些"好朋友",如:2 和 5,4 和 5,2 和 25,4 和 25,8 和 125 等。拆分还要注意不要改变数的大小。

例:$32 \times 125 \times 25 = 8 \times 4 \times 125 \times 25 = (8 \times 125) \times (4 \times 25) = 1\,000 \times 100 = 100\,000$

$125 \times 88 = 125 \times (8 \times 11) = 125 \times 8 \times 11 = 1\,000 \times 8 = 8\,000 \quad 36 \times 25 = 9 \times 4 \times 25 = 9 \times (4 \times 25) = 9 \times 100 = 900$

四、课程实施

本课程通过选编教材、教学辅导材料，与数学科组老师进行交流、研讨获得教学资源。以一个学期为一个教学周期，每个模块两个课时，一共 10 个课时，每周一个课时，每个课时 40 分钟。实施的教学方法如下：

（一）意识强化法

很多学困生对于简便计算的掌握不理想，即使懂得简便计算的规则也不会灵活运用，究其原因，还是没有真正掌握应有的解题策略。因此实际教学过程中，教师首先要明确告诉学生学习简便计算，就是为了计算简便，就是为了提高计算的效率。在计算时，不管题目是否要求简便，计算都要养成先审题的习惯，默认能简便时简便计算这个潜规则。先看看这道题采用什么方法计算简便，再下笔去算，可能会事半功倍。而在平时的随堂练习中，教师也不妨有意识地去掉题目中出现的"请简便计算"等字样，防止学生在课后独立练习时产生惯性的依赖思想，以为只有题目中出现明确的"简便计算"字样才需要去简便计算。

（二）练习法

"练"在数学学习中是必不可少的，也是数学的一大特点，不练习就不会进步提高，但是这个"练"不追求数量而要追求质量。

教师在课堂上要加强有效练习，在对比反思中优化简便计算意识。比如，可以先让学生独立做题，然后在全班讨论交流，让学生在生生间的互动中体会到：不同的题目该选择不同的简便计算方法。在这个过程中培养学生灵活解题的能力，这样的自主修正显然比教师的老生常谈要更容易为学生所接受，而教师在平时的课堂教学中也要抓住各种机会引导学生进行简便计算的思考，"有没有一种更简便的算法呢？""能否想出更好的简便算法呢？"多一些这样的思考后学生就会逐步认识到简便计算的实用性，用最少的时间来解决问题，在今后的计算中都应该优先考虑简便计算。循序渐进，日积月累，相信学生的简算的意识会逐渐由教师的提示转变为学生自发的思维方式。

(三) 错题分析法

教师在平时,不妨对学生错误率普遍较高的题目,进行系统分析,寻找问题的症结。错题集是许多教师在教学中都会用到的一种分析错题、总结经验的方法。整个错题集主要分成三部分,错题摘录,错题分析,针对练习。学生根据自己的实际情况收集简便计算的错题,通过对这些题目进行仔细分析,反思错因,共同总结经验。同时教师亦可根据学生的这些共性错误,及时调整教学设计,进行有针对性的教学训练。

简便计算的最终目的是培养学生自主运用简便计算的意识,以及灵活巧妙进行简便计算的能力,当然学生简便计算的意识培养,不是一节课就能够完成的,既不能靠灌输,更不能速成,而是需要一个长期感悟的过程,学生的思维在一定量的积累下方能产生质变,真正实现融会贯通,学以致用,自觉将简便计算落到实处。

五、课程评价

本课程主要采取以每周常规形式的评选活动为主的过程性评价,以期末检测、专项考核为主的结果性评价。通过这个循序渐进的过程,教师可以了解学生易错的问题,及时提供帮助。同时在评价过程中,必须重视学生的观点,要尽可能地从正面去鼓励学生,给予学生肯定和赞赏。具体的评价方法如下:

(一) 过程性评价

每周一次的简便计算比赛,挑选在比赛过程的优秀积极分子,评出"每周简便计算之星"。

"每周简便计算之星"评价表

学生姓名	本周课堂表现	计算比赛得分	其他	总分

（二）结果性评价

课程结束后,根据"每周简便计算之星"的得星数,评选出一名"简便计算小明星",并向学生颁发奖状。

学期末,对五个模块的学习内容进行集中考核,根据考核的成绩评出五名"简便计算小能手",并颁发证书。

（课程开发者：李承熙、数学科组全体教师）

第五节　我是计算超人

世事再纷繁,加减乘除算尽;宇宙虽广大,点线面体包全。如何让孩子在智慧的车道里飞驰,跨越有限与无穷,抵达生活与生命的远方?

本课程适用对象：四年级

一、课程背景

计算是数学的主要组成部分,数学知识的学习都离不开计算,而小学阶段是计算学习的基础阶段,所以计算学习在小学数学的学习中尤为重要。然而,现在的小学生在计算上普遍存在计算慢、准确率低的问题,而现行的计算学习主要依附于数学课,内容单一,形式上缺乏趣味性。

课程"我是计算超人"的主旨是使数学计算成为一门独立的课程,以富有吸引力、具有儿童特点的课程内容,使学生感受到计算中的乐趣,养成良好的计算习惯,提升数学计算能力,培养数感,在计算学习的过程中形成积极的情感、态度、价值观。

本课程的理念是：做中学,学中乐。做中学,强调练习与规范,学生在练习中加强对算理的理解和算法的熟练程度,形成良好的计算习惯;学中乐,强调教师为学生提供学习可视化的服务——积分制,积分可以用来兑换特定的奖品和礼物,给学生一个明确奋斗目标。

二、课程目标

1. 体验计算比赛,感受计算学习的乐趣;
2. 养成良好的计算习惯,提高计算的准确率和速率。

三、课程内容

"我是计算超人"以计算的速度与正确率为目标,主要内容包括口算、笔算(竖式计算)、简便计算以及估算的运用,分为以下三个模块:我是口算达人;笔算,我行;简算,So Easy!

(一) 我是口算达人

计算范围为多位数乘一位数,一位数乘整十整百数,两位数乘一位数。

(二) 笔算,我行

计算范围为除数为一位数的除法,两位数乘两位数,三位数乘两位数,除数是两位数的除法。

(三) 简算,So Easy!

计算所需用到的规律有加减乘除的混合运算,积的变化规律,商的变化规律。

四、课程实施

本课程在不失趣味性的前提下对数学课中的计算学习起完善、补充、提高的作用,由每个班的数学科任老师主持,每周 2 个课时。每个课时 15—20 分钟,时间安排在数学的早读和午读,除去长短假、期末考试复习,计 16 周次共 32 个课时。课时及内容安排紧跟数学教学进度,由数学老师掌握。

课程实施前,数学老师根据自己的教学进度选择教学内容,自行准备教学素材,素材的选择应紧密联系生活,具有吸引力,以口算和笔算为主,问题的解决为辅,纯粹的计算练习应适量。

具体实施路径如下:

学生准备一个专用的计算本,这个本子平时由老师保管,每次上计算课的时候发给学生,计算课结束收回计算本进行评价。

计算课采用"定时计量"的方式进行,这种方式的好处在于既能反映学生的计算速率又能反映学生的正确率。计算定时为 10 分钟,教师准备充分练习量的题目,比如 10 分钟准备 20 个竖式计算题,最后统计出学生做对的题目个数,这个数据作为最终评价的参数,课程结束的时候挑出积分排名前 20% 的学生,并颁发"我是计算超人"的证书。

在课程实施中应把握以下原则:

1. 教师应当为学生提供丰富的与生活息息相关的学习素材,因为计算是帮助人们解决问题的工具,只有在解决问题的具体情境中,才能体现出它的作用,因此教学中应把计算与现实生活联系,这样学生才能理解计算的意义。

2. 改变传统的教学思维,教师根据学生的表现,随时生成、补充或修改教学内容。

3. 教师要为学生营造融洽、轻松的学习氛围,组织形式多样的活动,激发学生的学习兴趣。

五、课程评价

本课程的评价以定量评价及定性评价相结合的方式开展,使学生感受到计算的乐趣,养成良好的计算习惯。具体评价方法如下:

(一)定量评价

"我是计算超人"采用积分制的评价方式进行定量评价,评价的指标是学生的计算正确率和速率,积分的参数包括课堂表现(5 分)、练习本书面书写(5 分),做对的题目个数,数学老师每一次课结束后,统计这三项积分之和作为学生的一次总积分。

（二）定性评价

根据学生每一次课的积分排名绘制进步曲线，为进步最快的两名学生颁发"我是计算超人"的"最佳进步奖"。为总积分排名前20％的学生颁发"我是计算超人"的证书。

以积分榜排名第一的的积分数的80％作为标准线，对标准线以下的学生要增加计算的专项训练。

"我是计算超人"积分榜

班级：　　　　　　　　　　　　周次：

学号	姓名	课堂表现	书面书写	正确个数	总分	排名	教师评语
1							
2							

备注：课堂表现满分为5分，书面书写满分为5分。

（课程开发者：李承熙、数学科组全体教师）

第六节　车轮一定是圆的吗

宇宙之大，粒子之微，日用之繁，无处不用数学。如何让孩子循着车轮的轨迹，带着跳跃的思想，伴着趣味的辩驳，开启一段摘星之旅，收获满怀春风？

本课程适用对象：六年级

一、课程背景

"车轮一定是圆的吗"课程在学生认识了长方形、正方形、三角形等多种平面图形的基础上展开学习，圆形也是小学阶段认识的最后一种常见的平面图形。

"车轮一定是圆的吗"课程立足学生认知、情感、态度等方面的和谐发展，注重课内数学学习内容的补充与拓展，思考如何更多地关注学生的生活世界和学生的情感需要，如何更好地体现学生学习方式的转变，让学生在多元、开放的情境中经历自主探究过程,以建构知识,掌握解决问题的方法。

本课程的理念是:学以致用。基于课堂学习,让学生更好地对接现实生活,解释生活现象,解决生活问题,更广泛地拓展学习空间,了解圆在历史、文化、数学发展过程中的价值。

二、课程目标

1. 掌握圆的基本特征,并运用圆的特征解释生活现象,解决简单的实际问题;
2. 经历运用圆的特征解决问题的活动实践,积累数学活动经验,培养独立思考、合作交流,以及发现问题、自主解决问题的能力,发展辩证思维;
3. 进一步感受数学与生活的联系,培养探究精神与创新意识。

三、课程内容

本课程以"车轮一定是圆的吗"为主题,根据课程内容探究学习单分为"我知道的"、"我看到的"、"我发现的"、"我思考的"四个部分,具体为:

(一) 我知道的

课内知识学习,夯实基础。完成自学探究单第一部分"我知道",并填写"我还知道"一栏。

认真阅读和学习教材"圆的认识"这一单元内容,借助实物感受圆与现实的密切联系,借助实物、"圆规"等多种工具画圆,初步感受圆的特征,并掌握用圆规画圆的方法,然后通过折一折、画一画、量一量等活动认识直径、半径、圆心等概念,同时掌握圆的基本特征———一中同长。

汇总学生完成的"我知道"、"我还知道"内容,了解学生对于车轮形状已有知识的掌握情况。

将学生分为 4 组。每组提供学具:木质小车、鸡蛋、轮胎模型、白色薄膜板、莱洛三角形车轮实验、圆轮与方轮实验。

判断:车轮一定是圆的吗?学生交流想法,回顾旧知。

游戏：小车不倒尽管推。

操作规则：各组利用学具想办法将鸡蛋安放在小车上，使得小车可以在桌面上平稳行驶。

小组学习探究，学生分组汇报。

教师在泡沫板上展示圆的画法。画法：板子上固定一枚图钉作为中心点；图钉上固定一根铁丝作为定长；将笔套在铁丝一端旋转一周。

观察得出结论：固定的图钉位置就是圆心的位置，定长就是半径，圆上任意一点到圆心的距离都相等。

提问：车轮和圆有什么关系呢？引导学生结合模型阐述。

要点：轮胎整体构成了一个圆，车轮的轴固定在圆心上，轮胎边缘距轴的距离相等，车条的长度就是圆的半径。

总结：用圆的性质可以解释车轮为什么要做成圆形的：车轮做成圆形滚动起来摩擦力比较小，轻轻一推车子就可以前进了。

教师引导：车轮一定是圆的吗？带着这个问题，我们一起看几个实验视频，然后小组动手实验一下。

（二）我看到的

观看教学视频《莱洛三角形车轮实验》、《圆轮与方轮实验》，完成探究学习单第二部分"我看到的"内容。

（三）我发现的

学生分组现场演示正方形轮子的小车和莱洛三角形轮子的小车，完成探究单第三部分"我发现的"内容。

1. 学生现场演示正方形轮子的小车

提问：为什么正方形的轮子可以在路面上平稳行驶？

学生分组交流汇报。

结论：在特定的轨道上，方形轮的中心始终保持在同一高度，也就是保证车轴和地面的距离固定不变。

提问：生活中，为什么一般情况下不设计方形轮子呢？

结论：建造路面时太不方便了。

2. 学生现场演示莱洛三角形轮子的小车

提问：在普通的平坦的路面上，为什么它也可以平稳地行驶呢？

学生分组交流汇报。

结论：这是由于这种特殊三角形的特性保证了车子在行驶时车轴可以和地面保持等长距离，即车轮的车辐是等长的，从而得到一个平稳的水平运动。

提问：为什么生活中的车轮形状没有选择莱洛三角形呢？

学生分组交流汇报。

总结：一是转动过程中莱洛三角形的顶点有时需要独立支撑车体重量，制作材料需要很高的强度和耐磨度；二是覆盖上轮胎的话，橡胶轮胎容易脱落；三是这样的车轮在平地上很稳定，但遇到坑洼就会有很大的麻烦。

（四）我思考的

回顾历程，激趣引思。

提问：我们是怎么研究"车轮一定是圆的吗"这个问题的，你还记得吗？

提问：这个内容我们在数学课堂中是怎样学习研究的？你有哪些收获？

提问：你对这次学习过程印象最深的有哪些？

互动交流，分享成果。

通过这次实践活动，我们收获了很多知识，加深了对圆的认识，同时解决了我们认识上的一些误区，发现了很多意想不到的东西，更有一些引起了我们的思考。完成探究单第四部分"我思考的"内容。

四、课程实施

通过选编教材、互联网、多媒体课件、制作实验器材等多种渠道获取教学资源。本课程共4课时，接连上，每课时40分钟。时间为每学年第一学期学生学习人教版《数学》六年级上册"圆的认识"这一单元内容的时间。实施的方法如下：

（一）调研法

课前调研，了解学情。学生通过阅读人教版《数学》六年级上册"圆的认识"这一单元内容和互联网资源等多种渠道完成自学探究单第一部分。教师汇总学生完成的自学探究单第一部分内容，了解学生对于车轮形状已有知识的掌握情况。

（二）合作学习法

学生分为4组。对出示的问题，学生交流想法，回顾旧知，提出质疑，小组学习探究，分组汇报，得出结论。

（三）演示法和行动体验法

车轮一定是圆的吗？带着这个问题，学生认真观看莱洛三角形车轮实验视频和圆轮与方轮实验视频，边看边记录。

通过研习交流，学生分组现场演示体验，行动体验验证，得出结论。

五、课程评价

"车轮一定是圆的吗"课程评价以过程性评价和分享性评价相结合，关注学生自主学习和小组合作分享交流的过程。具体评价标准如下：

"车轮一定是圆的吗"课程评价表

内容	评价标准	分值	得分	总分
课前准备	完整性：完成教师要求的所有课前准备内容。	2		
	组织性：有整体的组织结构，每一部分内容被很好地分开，并且能够通过一些标记快速找到特定的内容。	2		
课堂参与	通过看实验视频、探索、体验，能够自主地将课堂中学习的数学知识与活动资源联系起来，深化自己的认识。	2		
	小组合作，积极参与到小组的学习探究，并互动交流，分享成果。	2		
	记录要点，字迹工整。	2		

（课程开发者：李观武、数学科组全体教师）

第六章

百步健体，释放旭日的红光

新小的校徽，是一轮橙红的旭日。旭日的图腾，不仅织就了新小校本课程的文化背景，更寄寓新小学子如初升的太阳，明媚闪耀。百步健体课程，是旭日中的红光，热烈奔放。它引领孩子们在足球场挥洒汗水，在田径场释放活力，在体育馆点燃激情。它是百步梯课程独立的分支，也是整体的联动。孩子就像一株幼苗，百步健体课程，以和煦温暖抚之，以猛烈灿烂灼之，以和风细雨润之，以狂风暴雨灌之。孩子们在这旭日的照耀和风雨的洗礼中，如明日之子，熠熠生光。

新小的校徽，是一轮橙红的旭日。旭日的图腾，不仅织就了新小校本课程的文化背景，更寄寓新小学子如初升的太阳，明媚闪耀。每天清晨，当旭日的第一抹光辉铺洒在新小绿茵茵的足球场上，孩子们便开启了全新一天的奔跑和追赶。敢与日竞走，誓与天比高。在旭日文化的浸润下，孩子们将"苟日新，日日新，又日新"的追求刻在心里，将"诚于信、博于学、健于体、灵于艺"的目标内化成品格。

百步健体课程，是旭日中的红光，热烈奔放。孩子们对未知世界充满好奇，但他们稚嫩的双手不足以承托生命的重量，蹒跚的脚步走不到梦想的远方。我们深知，小树的成长，离不开风雨的洗礼；孩子的成长，离不开运动的锻炼。百步健体课程，以它的热烈奔放，引领孩子们在足球场挥洒汗水，在田径场释放活力，在体育馆点燃激情。冲刺、跨越、回旋、飞铲、钟摆过人……每一个动作的练习，都燃起了孩子们内心对运动的渴望。

百步健体课程，组成了旭日之光，也点燃了孩子们心中对力与美的追求。百步健体课程的构建和实施，通过体育和舞蹈的训练，让新小"诚信、广博、活力、灵动"的育人目标平稳落地，它是独立的分支，也是整体的联动。我们深信，经常体育锻炼，不仅能发展身体的美和动作的和谐，而且能塑造人的性格，锻炼人的意志力。培养孩子成为全面发展的人，体育锻炼是不可缺失的一环。

科学的运动，是赏心悦目的花朵，是诗情浓郁的歌曲。百步健体课程，基于科学的规划，设置了全民体育馆课程、运动体验室课程和力韵竞技场课程三大课程群，适应不同年龄段、不同性格特点、不同体质的孩子的需要。

全民体育馆课程，是孩子成功路上的垫脚石，是所有孩子都必须参与的课程。它包括体育文化节、足球文化节、旋风小子（足球）系列课程。此类课程的实施，旨在通过人人参与,使孩子学在其中,乐在其中。让新小的孩子,不仅能诵唐诗宋词,也能飞铲射门;不仅能捏泥剪纸,也能飞跃沙池。

学校坚持每个班每周一节足球课,让孩子们系统地学习踢足球的技巧。草场上飞扬的足球,承载了孩子们带领中国足球冲进世界杯的梦想,为孩子们的生活注入新鲜的活力。体育文化节是新小一年一度的体育盛会,是孩子们翘首以待的盼望。体育节的全员性,使孩子们的竞争意识、协作意识、团队意识都变得更加清晰,既锻炼了身体,又磨练了意志,还加强了班级的团队建设。足球文化节带给孩子们的,是勇往直前的自信,是指点江山的骄傲,是团结协作的友谊。孩子们因为热爱而学习,因为学习而懂得,因为懂得而自信。而刻在骨子里的自信,正是新小学子人格塑造的重要一环。

运动体验室课程,是孩子窥探世界的窗口。世界很大,孩子们不能一一去触碰、去深究。运动体验室课程,便是引领他们走进另一个世界的希望之窗。根据不同年段孩子的身心特点与发展规律,学校每学期为不同的班级打造不同的体验课程,其中包括草原上的绅士(高尔夫)、网球小王子、海上小勇士(帆船)等。运动不仅是奔跑和跳跃,也可以是转身推杆、判断出击。课程,即浓缩的世界图景。运动体验室课程,为孩子们的体育运动,补充了与众不同的选项,让孩子们充分感受、经历世界的不同色彩。

力韵竞技场课程,是孩子点亮生命的希望之光。它包括小佐罗(击剑)、格斗小武神(跆拳道)等兴趣班课程。本课程的实施对象,是有基础、有特长的兴趣班成员。每一个生命都是独一无二的个体,他们有着不同的的兴趣点。我们希望通过力韵竞技场课程的开设,帮助那些对某一项体育运动感兴趣的孩子,深入地研究探索。力韵竞技场课程,是孩子学习中不断超越的旅程。我们相信,孩子们经过专业的培训,能把最初的点滴兴趣磨练为自身的特长,而特长,能够成就孩子一生的自信!

体育是健、力、美三维一体的组合。孩子们在奔跑中收获健康的体魄,在舞蹈中感受力的柔与刚,在日复一日的锻炼中,铸造体格的美。体育之效,在于强筋骨、增知识、调感情、强意志。百步健体课程,以全民体育馆课程为根,让孩子们扎根运动的土壤,锻炼强健的体魄;以运动体验室课程为枝,引导孩子们不断往外延伸,去探索未知的领域;以力韵竞技场课程为花,教孩子们勤于灌溉,静待花开。

百步健体课程,让新小的孩子们爱上了热情洋溢的斗牛舞,爱上激情飞扬的足球,爱上勇往直前的田径赛。烈日下的磨练,让新小的孩子们在成长的道路上,变得更加从容自信;让他们探知世界的脚印,愈加坚定有力。如果说,孩子是一株幼苗,那么,百步健体课程,就是阳光和雨露,或和煦温暖抚之,或猛烈灿烂灼之,或和风细雨润之,或狂风暴雨灌之。孩子们在这旭日的照耀和风雨的洗礼中,如明日之子,熠熠生光。

(撰稿者:陈纯娜)

第一节　魅力体育文化节

体育的魅力,在修炼,在突破,在超越。如何通过体育文化节,将体育文化的内涵注入孩子奔跑的脚步中、轻盈的跳跃中和助威的呐喊里?

本课程适用对象:高年段

一、课程背景

体育文化是人类在体育生活和体育实践中创造出来的,是人类发展需求的特殊反映。它通过有形的身体形态、动作技能、运动器材以及无形的与社会属性相关的意志、观念、时代精神反映出来,显现了各具特色的存在方式。体育文化和其他文化一样反映了一个时代、一个国家或民族的特征,规范着人们的体育行为,也影响着人们的价值观念。

体育文化节的开展,将体育文化的丰富内涵转化为实际行动,旨在营造一个良好的体育锻炼氛围,使更多的学生参与体育活动,增强体质,养成良好的体育锻炼的习惯。

体育与健康课程体系以促进学生身体、心理和社会适应能力整体水平的提高为目标。作为体育与健康课程中的一项重要活动,体育文化节,更成为学校素质教育的一个重要组成部分,使学生在和谐、平等、友爱的运动环境中感受到集体的温暖和情感的愉悦;在经历挫折和克服困难的过程中,提高抗挫折能力和情绪调节能力,培养坚强的意志品质;在不断体验进步或成功的过程中,增强自尊心和自信心,培养创新精神和创造能力,形成积极向上、乐观开朗的生活态度。

本课程的理念是:魅力体育,健康第一。学校举办的体育文化节活动将成为一个契机,使孩子们在享受运动之乐的同时,丰富课余生活,增强体质,牢固树立"魅力体育,健康第一"的新理念。

二、课程目标

1. 初步了解校园体育内容,体验体育文化节带来的乐趣;
2. 经历集体合作的运动方式,增强集体荣誉感与凝聚力;
3. 享受运动,增进伙伴之间的友谊,提高身体素质,充实校园文化生活。

三、课程内容

体育文化节以"健康体育趣味同行"为主题,内容包括田径运动会、趣味运动会、亲子运动会三大板块。

(一)田径运动会
田径运动会的参与对象是一至六年级的体育优秀选手,由班级选出代表,参与全校性的比赛,比赛项目包括:
径类:100 米,200 米,400 米,800 米,4×100 米
田类:垒球,跳远,立定跳远,跳高

(二)趣味运动会
趣味运动会的开展突出其全员性和趣味性。它一方面消除了部分孩子对运

动的恐惧,另一方面,增强了运动的趣味性,令锻炼变得简单有趣,提高了学生运动的参与度。

趣味运动会的比赛项目包括:

1. 拔河

项目意义:拔河趣味运动项目是目前最为常规的趣味运动会项目,拔河是一种力量的对抗,也是一种力学的比赛,更是团队力量的真实体现。

2. 滚铁环

项目意义:滚铁环比赛有助于提高人体的平衡性、肢体的协调性以及眼力等。还可以提高四肢活动能力,最重要的是它让我们又回味起旧时无忧的童年。(场地要求:塑胶跑道,平整的草地、地毯上)

(三) 亲子运动会

亲子运动会是以运动游戏的形式,增强亲子的互动,增进家庭的和睦。通过亲子运动会,学生和家长都能得到一定的身体锻炼,更重要的是,家长通过这样的途径,更了解孩子的校园生活,亲子心灵得到沟通交流。

1. 扶老携幼——负重返回

参赛学生与其家长配对,10 对为一小组站在起跑线后,场地长 10 米。将父(母)亲用毛巾蒙住眼睛,孩子扶父(母)亲走(跑)完 10 米后,取下毛巾,父(母)亲背着孩子往回跑,最先完成的小组获胜。

2. 跳呼啦圈

参赛学生与其父(母)亲配对,10 对为一小组站在起跑线后,孩子手持两个呼啦圈。场地长 10 米。当裁判鸣哨时,孩子快速向前跑出起跑线并在父(母)亲能够跳到的地方放置第一个呼啦圈,父(母)亲在孩子放好呼啦圈后快速跳入圈内;孩子再向前放第二个呼啦圈,父(母)亲再快速跳入第二个圈内,与此同时,孩子返回去拿第一个呼啦圈并将其往第二个呼啦圈前面放,父(母)亲再往前跳入圈内;依次类推,到达 10 米处后,父(母)亲与孩子快速交换角色,以同样的方式跳回起跑线处,先跳回的小组为胜。

四、课程实施

本课程的实施时间是每年 10 月份,实施场地主要是足球场和体育馆。课程实施需要全校教师和学生、家长的共同参与,共同打造,所以,课程前期需要必要的宣传动员工作。

本课程的实施以阳光体育运动为依托,采用环境熏陶法、精神激励法、家校合作法等方法开展,确保课程实施的有效性和参与度。

(一)环境熏陶法

体育文化节开展之前,通过布置各班班级黑板报、学校宣传栏、广播宣传等方式,在校园中形成浓厚的体育运动氛围,使学生行走在校园中,无形中受到环境的熏陶感染,对体育运动燃起热情。这一方法起到引领学生参加体育锻炼的作用。

(二)精神激励法

在体育比赛中,通过同学的呐喊、啦啦队的助威、老师家长的鼓励,让比赛中的孩子感受到集体的关注和期望,增强其比赛的信心,从精神上激励他们战胜阻碍,勇往直前。

(三)家校合作法

以亲子运动会为契机,让爸爸妈妈参与到学校生活中。在运动会中渗透亲子教育,让孩子体谅父母,让父母理解孩子。孩子和家长在有趣有味的亲子运动中增进感情,相互理解。让体育文化节为和睦家庭的建设助力,德育与体育相互渗透,互相支持。

五、课程评价

本课程本着公平公正的原则,在评价方式上,采取积分制评价、评选性评价和点赞式评价相结合的模式,对学生个人、家庭、班级作全面客观的评价。

（一）积分制评价

在田径运动会中,采用积分制评价,在学生每项竞赛活动中,不同的排名对应不同的分值,同班选手的分值之和就是本班的总得分。以总得分的高低评选优胜班级,授以一定的奖励。

（二）评选性评价

在亲子运动会上,以默契度、家庭成员参与度、协作性为评价标准,在每个班级中评选出三个"模范家庭",授以称号和奖励。

（三）点赞式评价

趣味运动会以班级为单位参赛,赛后,将各班参赛的照片整理后上传微信,让学生进行点赞,点赞数最高的班级获得"最佳组织奖",并在全校进行表彰。

（课程开发者：郑志明）

第二节　"小佐罗"击剑

一招一式,都是优雅与骁勇的幻化。如何让击剑课程成为培养孩子贵族气质和果敢意志的长剑?

本课程适用对象: 击剑社团

一、课程背景

击剑运动是一项历史悠久的传统体育运动项目。早在远古时代,击剑是人类为了生存同野兽进行搏斗和猎食所采用的方法。随着人类历史的发展,击剑作为一项体育运动,逐渐流行起来。公元前 11 世纪,古希腊就出现了击剑课,并有剑师讲课。到了中世纪的欧洲,击剑已发展成为一项体育运动。

击剑运动能培养人的多种运动素质及形体气质和礼仪,锻炼敏捷灵活的思维、随机应变的能力和战胜困难所需的各种心理品质。在全面实施素质教育的今天,学校开展形式多样的体育运动,以满足学生发展的需要,势在必行。"小佐罗"击剑课程的开设,让百步梯课程更完善、更精彩。

本课程的课程理念是:秉剑客精神,铸睿智少年。击剑是一项智者运动,为了战胜对手,剑手必须不断分析对手,通过观察判断,排除假象,辨别真伪,捕其本质,以迅速准确的结论来指导自己的行动。本课程意在让更多的孩子认识这项力量与智慧并存的运动,让少年儿童通过击剑运动得到体魄的锻炼、品格的塑造及潜能的发掘,使其成为健康、高尚、坚韧和睿智的一代。

二、课程目标

1. 感受击剑的魅力,提高身体素质;
2. 了解击剑活动,经历击剑比赛和实践活动。

三、课程内容

本课程内容以"自信、自控和自我意识"为主题,以游戏带动技术为主旨,分为游戏开发、技术练习、心理训练、比赛锻炼四个模块内容。具体为:

(一)游戏开发
主要内容是通过精心设计击剑游戏,在激发学生身体潜能的同时调动学生兴趣,深层次感受击剑的魅力。

(二)技术练习
内容包含基本功、手上专项能力、手上意识、脚下专项能力、移动中转换能力。通过课上传授,基本掌握击剑姿势、手上常用动作、脚下基本步伐、简单进攻动作。低年级学生对技术理解有限,主要以基本功为主。高年级在基本技术的基础上,加深运动肌肉记忆,加强动作熟练度。

（三）心理训练

因击剑对赛场心理素质要求较高,主要通过特定条件下,让学生适应各种临场情况的发生,时刻处于冷静状态下,以较为清晰地思维处理比赛。

（四）比赛锻炼

主要内容是各类击剑比赛,用比赛的形式加强学生的技术应用能力和临场应变能力,让学生在顺境中不骄不躁,在逆境中沉着冷静,减少外界因素对自身的影响。从而提高综合素质,增强自信。

四、课程实施

本课程实施之前应对以下要求及素材有所准备:精心备课,课前准备所需器材,筛选优秀的训练与比赛视频供学习使用,选取适合学生的科学训练方法并执行。本课程共 15 课时,每课时 90 分钟。实施方法如下:

（一）讲授法

通过教师讲解或视频讲解的方式,让学生了解击剑历史、击剑规则、击剑礼仪、击剑技术类别等内容,让学生在练习击剑之前全面了解击剑知识,做到胸有成竹、有备而来,为击剑练习打好理论基础。

（二）游戏法

通过全员互动、小组游戏等方式让学生体会体育乐趣,同时促进孩子想象力、自控力、身体素质等能力的综合发展,在游戏中创造学生相互交流的机会,提高学生社交能力。

（三）技术训练法

学生在自主选择击剑种类的基础上,深入了解该类击剑的技术特点和动作要领。经过课堂上反复的技术训练,扎实基本功,加强肌肉记忆,让学生在技术训练中不断提高自己的技术水平,避免因错误动作带来的运动损伤。

(四)赛事引领法

击剑成长于比赛当中,带领学生参与各类比赛,在领先中加强,在失利中总结问题,在比赛中获取经验,总结自身优缺点,寻找符合自身特点的技术打法与技术风格。

五、课程评价

本课程的评价方式主要有授课过程中的课堂随机评价以及期末总结中的自我评价和教师评价。

(一)课堂随机评价

在学生的操练过程中,师生之间、生生之间就动作要领、上课礼仪、技术水平、心理素质等方面,给予练习者最及时、最中肯的评价,让学生及时改正错误,得到肯定,增强学生的自信心,减少动作错误。

(二)自我评价

自我评价是在期末总结中,学生回顾自己本学期的课上、课下的综合表现,通过评价量表,完成自评。让学生对自身的学习过程有更全面的认识,及时反思总结,不断完善自身。

评价量表附后。

(三)教师评价

教师评价是在课程总结阶段,教师对学生本学期的表现,给予客观公正的评价,评价维度包括形态、素质、技术、课堂表现四个模块。教师的客观评价,能够指导学生在日后的训练中,更全面地认识自己,超越自己。

评价量表附后。

"小佐罗"击剑课（自我）评价表

请在右边的四个选项中选择最符合的选项，并在相应星级打勾。星级越高，表示你做得越好。

自评人：＿＿＿＿＿＿＿＿

项目	☆	☆☆	☆☆☆	☆☆☆☆
我上课遵守纪律				
我练习投入				
我认真倾听教练的指导				
我能及时改正技术错误				
我能及时调整心理状态				
我喜欢上技术课				
我喜欢上比赛课				
我喜欢和比我强的对手进行比赛				
我喜欢和比我弱的对手进行比赛				
击剑课对我帮助很大				

"小佐罗"击剑课（教练）评价表

学生姓名：　　　　　性别：　　　　　出生日期：

学校：　　　　　班级：　　　　　测试日期：

指标		数值	备注
形态	身高		
	体重		
素质	柔韧性		
	灵敏性		
	爆发力		
	左利手		
技术	手上技术		
	脚下专项		
课堂表现	考勤纪律		
	团结协作		
	学习兴趣		

综合评价：优秀　　　良好　　　中等　　　及格　　　教练签名：

（课程开发者：黄奕贸）

第三节　小武神跆拳道

止戈为武，尚武者崇德。跆拳道课程如何在锻炼孩子矫健身手的同时，让孩子习武习德，练功练心？

本课程适用对象：跆拳道社团

一、课程背景

跆拳道起源于韩国，是一种技击格斗和精神气质相结合的武道。它手脚并用，风格简练、直接、易学、实用性极强，其快速凌厉、变化多端的腿法被誉为"踢击的艺术"。跆拳道包含了深厚的东方文化和哲理思想，当今世界上已有180多个国家8 000多万人修炼跆拳道，跆拳道作为奥运会比赛项目，被公认为"世界第一搏击运动"。

在小学开设跆拳道课程，一方面，能够训练孩子们的体格，使他们拥有更矫健的身手；另一方面，孩子们能够在接触跆拳道文化的过程中，受到德育的启迪。

本课程的理念是：以武习德，让跆拳道成为培养自信心的桥梁。跆拳道被誉为"正人之道、育人之道。""道"就是道理、道德、道义、礼仪，也指人生的正确道路和做事的道理。学习跆拳道，不仅仅能修炼手和脚的功夫以强身自卫，更重要的是学习其文化，修炼跆拳道精神。

二、课程目标

1. 感受跆拳道的乐趣，掌握跆拳道的基本知识，掌握跆拳道的比赛规则；
2. 养成克己礼让、宽厚待人和见义勇为的品德以及正直、刚毅、迅速、准确的素质。

三、课程内容

本课程以"迎风进击坚毅果敢"为主题,包含理论、实践、身体素质训练三个部分:

(一)理论

1. 学习跆拳道的基础知识,包括跆拳道的起源与发展、特点与价值、级别与段位以及日常练习应注意的问题。

2. 学习跆拳道比赛的竞赛规则、裁判法。

(二)实践

1. 跆拳道的礼仪、运动部位、准备姿势和基本姿势。

2. 基本步法:前后滑步、上步、退步、交叉步、垫步、跳步。

3. 基本动作技术:前踢、侧踢、横踢、下劈、后踢、后旋踢、推踢、双飞、腾空踢。

4. 组合动作:两个和两个以上的动作组合:横踢 + 后踢、劈踢 + 侧踢、横踢 + 转身横踢、转身横踢 + 侧踢、右格防同时左前踢接右后踢、跃步向前劈腿 + 横踢动作等。

5. 基本战术:条件实战及实战中所要用到的基本战术。

(三)身体素质训练

1. 速度:30 米加速跑、原地快速提膝。

2. 耐力:定时跑、800 米、1 000 米、12 分钟计时跑。

3. 力量:两头起、俯卧撑、仰卧起坐。

4. 跳跃:立卧跳、多级跳、连续跳、蛙跳、立定跳远、单足跳。

5. 柔韧:体前屈、坐位体前屈。

6. 专项身体素质:踢沙袋、踢脚靶。

7. 专项柔韧练习:前(侧)后)压腿、踢腿练习、劈叉练习。

四、课程实施

跆拳道课程一共 36 个课时,分为上下两学期,每个学期 18 课时,每周一次课,利用体育课的时间学习。课程的实施地点为体育馆或足球场。根据本课程学习内容和学生的身体情况、学习基础,本课程在实施中主要采用示范法、合作学习法和观摩法。

(一) 示范法
教学过程中,教师在每一个新动作的学习之前,与助教一起示范前踢、横踢、前劈、后踢等技术动作,并在示范中讲解每个动作练习中的步法、重心、打击点等动作要领,让学生在练习前有清晰直观的认识。

(二) 合作学习法
跆拳道的学习离不开同伴间的互助。在每次的练习中,需要学生两两结伴,形成训练小组。学习过程中,一方踢靶,一方拿靶,互相帮助、相互监督、相互指导,以达到互帮互助、共同成长的目的。

(三) 观摩法
日常练习可以帮助学生规范动作,观摩高手间的比赛,则能够激起学生学习的兴趣,同时促进学生动作的连贯性。教师在学生掌握几个新动作后,利用多媒体平台或现场公开赛,引导学生观摩比赛。让学生在观摩中进一步理解动作要领,掌握不同动作的巧妙运用。

五、课程评价

本课程的评价采取主观性评价与客观性评价相结合的方式进行。

(一) 主观性评价
主要考察学生的学习积极性、自我感受、对课程的喜爱程度。

以下评分表,请你根据实际情况,在相应分值打勾。(对题干的认同程度越高,分值越高)

自评人:

项目	5分	10分	15分	20分
我喜爱这门课				
我比开学初有进步				
老师的示范使我受益				
同学的合作学习使我受益				
观摩学习使我受益				
我对学习跆拳道充满信心				

(二) 客观性评价

主要通过测试,与标准数值对比,衡量学生的身体素质和学习成果,使教师对学生的学习水平和身体素质有较为客观的认识。

姓名:　　　　性别:　　　　出生日期:
学校:　　　　班级:　　　　测试日期:

指标		数值	备注
形态	身高		
	体重		
素质	柔韧性		
	灵敏性		
	爆发力		
	左利手		
技术	手上技术		
	脚下专项		
课堂表现	考勤纪律		
	团结协作		
	学习兴趣		

综合评价:优秀　良好　中等　及格　教练签名:

(课程开发者:杨杰南)

第四节　旋风小子

汗水与情感的交织，热血与童年的激荡，绿茵场上我们如何带领孩子体验"酸甜苦辣"？

本课程适用对象：低年段

一、课程背景

足球是一项源远流长的健身体育活动，最早起源于我国古代的一种球类游戏"蹴鞠"，后来经过阿拉伯人传到欧洲，发展成现代足球。可以说，中国是足球的故乡。

作为全国体育联盟学校、全国足球特色学校，新港小学对校园足球非常重视。除了每年的足球文化节、每学期的足球班际联赛，新小的阳光足球更是"走出国门"，迈向了世界。2017年6月，盛大的"挪威杯——中国广州分享会"在新小隆重举行。挪威国会议员 Thore Vestby、挪威王国驻广州总领事馆领事龙博森（中译）、黄埔区教育局张景铭副局长及局体育发展科一行到场参与了本次分享会。2017年暑假，新小足球队赴挪威参加挪威杯世界青少年足球比赛，与全球50多个国家青少年分享阳光足球，中国驻挪威大使馆现场助威，曾受到挪威最大两家报业传媒的大篇幅报道。2018年暑假，在参赛之余，孩子们还代表中国青少年为世界多个国家的政要、联合国官员、国际媒体带来一场展示联合国可持续发展目标（SDG，Sustainable Development Goals）的塑料时装秀。

新小学子因为足球而自信，因为足球而打开通往世界的大门。纳入课程的校园足球更是普及到每一个孩子。每班每周一节的足球课为"旋风小子"课程的开展奠定了坚实的基础。

本课程的理念是：快乐足球，快乐你我。 孩子们在快乐足球的体验中，不仅能了解足球文化，学习踢足球技能，培养对足球的兴趣，同时也强身健体，锻炼意志品质,在发挥个人天赋的同时培养团队合作意识和顽强拼搏的精神。

二、课程目标

1. 学习基本的运球技术、发展球感和控球能力,提升身体行动的协调性和灵敏性;

2. 了解足球比赛的规则,体验足球赛事带来的快乐;

3. 对足球产生兴趣,增强团队合作意识与顽强拼搏的精神。

三、课程内容

本课程以"了解足球,快乐足球"为主题,旨在增进孩子们对足球的了解,培养其对足球运动的兴趣。根据课程内容的不同,主要分为以下几个模块:

(一) 足球启蒙

主要包含足球小讲座、足球知识竞赛、足球手抄报、足球徽章设计、足球绘画等。孩子们通过参与多种形式的活动,从多个角度深入了解足球。

(二) 球星激趣

观看"世界杯"视频,了解足球比赛的规则。了解世界著名球星C罗、梅西等,包括其个人照片、经历、球队故事等。孩子们在了解球星及球队成长故事的过程中,树立足球榜样,增强对足球的兴趣。

(三) 练习提升

开展球性练习,主要包含传球、接球、运球、射门、守球等,增强身体协调性、灵敏性和速度。

开展足球比赛,体验赛事带来的快乐,增强团队合作意识与顽强拼搏的精神。

四、课程实施

本课程每班每周 1 课时，共 20 课时。课程实施场地主要为学校的足球场。课程开设前教师应对以下要求及素材有所准备：课程所需器材，如足球、标识等；通过网络、书籍等多途径筛选优秀的训练与比赛视频供学习使用；精心备课，研究学情，选取适合学生的科学训练方法。具体实施方法如下：

（一）直观演示法

教师通过语言讲解或播放相关视频、展示书籍材料等方式，向学生直观展示足球的相关知识及足球比赛的规则。

（二）快乐游戏法

通过全员互动、小组游戏、快乐比赛等方式让学生体验足球的乐趣，在游戏中增加学生相互交流的机会，增进其团队合作的意识。

（三）技术训练法

教师通过视频演示、动作示范、个别指导等方式，让孩子们了解足球的技术特点。经过反复的技术训练，使孩子们掌握动作要领，在技术训练中不断提高自己的技术水平。

五、课程评价

本课程注重发展性评价，在关注比赛成绩的同时，更注重学生参与活动的兴趣、合作的意识、团队精神的形成等。除了课堂中对学生足球动作、行为习惯等的即时评价，在课程结束前，教师将采取自我评价、同伴评价、教师评价相结合的方式，对学生进行运球、射门等项目的测试，分数最高者将颁发"旋风小子"荣誉称号，以资鼓励。评价维度如下：

男	运球(秒)	8	10	12	14	16	在相距15米距离内放置两个障碍物(间隔5米),运球途中绕过障碍物,球和身体不得接触障碍物,计完成运球所用时间。有两次机会,取最好一次成绩。
	射门(个)	5	4	3	2	1	在离球门4米处定点射门(五人制球门),共射5次,看最后的进球数。
女	运球(秒)	9	11	13	15	17	同男
	射门(个)	5	4	3	2	1	同男

（课程开发者：郑志明）

第五节　网球小王子

退则底线相持,进则网前封锁。如何通过网球课程,训练孩子反应的速度和出击的力量?

本课程适用对象：低年段

一、课程背景

网球是一项优美而激烈的体育运动,它诞生于盛产绅士的欧洲世界,又在美国得到发展壮大。既有欧洲人的优雅,又有美国人的拼搏。现在,网球流行于全世界,被称为世界第二大球类运动。

6—8岁的孩子有很强的模仿能力和空间感知能力,因此可适当进行网球技能训练。而9—14岁的年龄段一般是网球训练的黄金时期,这个时期的孩子无论是力量、协调性还是模仿能力都已经达到了学习网球的要求,只要方法得当,很容易建立良好的动力定型。网球课程在低年段开设,对提高孩子身体素质、运动的速度、敏捷度、耐力以及柔韧性等各方面均有事半功倍的效果。另外,网球礼仪贯穿课程始终,学习网球不仅能锻炼身体,而且有助于逐步提高孩子的体育素养和道德修养。因此,在小学低年段开设网球课,有其存在的现实意义。

本课程的理念是：**培养专注力,增强自信心**。网球课的开设,一方面让学生体验网球带来的乐趣,增强学生的体质,形成良好的体育行为和锻炼习惯,另一方面也能提高学生终身体育锻炼的意识、能力和修养。

二、课程目标

1. 了解网球的基本知识、基本比赛规则、文化等,对网球运动产生兴趣;

2. 掌握网球运动正、反手的击球动作技术,初步了解发球、接发球动作技术和截击球技术;

3. 在网球练习中体会自信、勇敢、顽强、沉着、果断等优良品质,并逐步提高对自身的要求。

三、课程内容

本课程以"快乐网球,驰骋球场"为主题,重在培养孩子对网球运动的兴趣,以掌握网球的基本知识、基本技术、技能为主要学习内容,分为以下六个模块:

(一)手掌手背拍球

练习目的:培养手与球之间的距离感,通过手拍球体会拍面击球的感觉。同时提高手眼协调的能力。

练习方法:依靠身体的姿势设定不同的拍球高度——站立拍球、双膝跪地拍球,坐在地上拍球。用手掌手背交替拍球。在熟练之后,可以双手同时进行练习。

(二)抛球练习

练习目的:体会球场的距离感。

练习方法:在底线附近向球场对面抛球,培养学生的网球球感。注意身体重心的转移和协调发力,抛球分上手抛球(在头部高度出手)和下手抛球(在腰部高度出手)。左右手都需练习,让身体各环节均衡发展。

（三）正反手击球

练习方法：后摆引球、击球动作(前挥击球)、随挥跟进动作,恢复准备姿势,准备下一次击球。

（四）球拍正反面拍球

练习目的：感觉拍线的弹性和拍面控球的感觉。

练习方法：设定不同的拍球高度。练习时要注意拍面平行于地面,否则球会到处乱跑。

（五）球拍正反面颠球

练习目的：掌握正确的触球时机,锻炼网球运动所需的手掌手腕及小臂的基础力量。

练习方法：端平球拍进行颠球练习,要求手腕固定,拍面平行于地面。先用一面练习,熟练之后,再用另一面练习,最后可以正反面交替颠球。

（六）双手同时抛接球

练习目的：提高练习者的专注度,加强手眼协调的能力,学会与搭档配合。

练习方法：双手将球抛向空中,双眼观察球的落点然后在网球落地前接住网球。

四、课程实施

本课程用时 16 课时,分上下两学期进行,每学期 8 课时。利用体育课实施。课程的实施场地为网球场。实施路径如下：

（一）了解与认识

通过教师讲解、学生查找资料、观看视频等多种途径,了解与认识网球运动,包括网球运动的规则、礼仪、赛事等。

(二）感受与练习

通过教师讲解、示范、个别指导及学生反复的练习,了解并掌握网球的基本知识、基本技术、技能。

设立口号(1,2,3,4)掌握动作,当教练说"1"时,孩子们大声响应并做出相应反应,练习正手击球与反手击球。

(三）比赛与展示

安排既有趣又有竞争性的游戏来增加他们的兴趣,譬如让他们玩"丢沙包"的游戏,以网球作为"沙包",让孩子们集中注意力,培养孩子们的专注性。同时,及时给予孩子奖励,激励他们对网球的专注与兴趣。

五、课程评价

本课程采用过程性评价与结果性评价相结合的评价模式,既重视学生的学习态度,也重视学生的学习结果。在两者的综合得分中,选出每一学期的班级"网球小王子"。

(一）过程性评价

主要评价学生的学习态度。(满分30分)

1. 学生认真参加每次学习,无缺勤记录。(满分10分,每缺勤一次扣1分,扣完即止)

2. 学生在每次练习中,能认真听从教练的教导,并完整地完成动作练习。(满

分 20 分,教师依据学生课堂表现给分)

(二) 结果性评价

以本学期的学习要点为考核内容,教练根据学生的动作完成度给予评分。
(满分 70 分)

考核内容	满分	达标评价标准	综合技术评定分值标准	考核办法及要求	备注
1. 基础动作练习	20	基本掌握手掌手背拍球、抛球、投篮等基本动作。	动作规范,姿势优美,手脚协调。	测试方法:10 人一组展示练习。	
2. 底线正反手移动击球	30	击球成功一次记 1 分,击球成功 10 次记 10 分满分。	分为动作规格、步伐规范程度、击球质量 3 方面,每项均 10 分。1. 动作规格:(优)(9—10 分)击球动作规范、协调、姿势优美;(良)(7—8 分)击球动作正确;(及格)(5—6 分)击球动作基本正确。2. 步伐规范程度:(优)(9—10 分)步伐灵活、规范、跑动到位;(良)(7—8 分)步伐灵活、规范;(及格)(5—6 分)步伐较规范。 3. 击球质量:(优)具有一定球速,且击入后场一次得 2 分,击入后场 5 次以上满分;(良)(7—8 分);(及格)(5—6 分)。	测试方法:教师喂球,一人进行底线正反拍击球,共 10 次。其中正反拍各 5 次。	
3. (发球线后)对打	20	1. 两人打 10 回合以上。(19—20 分) 2. 两人打 7—9 回合。(16—18 分) 3. 两人打 4—6 回合。(12—15 分) 4. 两人打 4 回合以下。(10 分)	1. 预判准确,移动迅速到位,挥拍流畅,落点控制精确。(18—20 分) 2. 预判较准确,移动较到位,挥拍较流畅,落点较精确。(14—16 分) 3. 预判、移动、挥拍和落点控制都一般。(8—12 分)	测试方法:每 2 人一组,站在发球线后对打,计回合次数。	

注:以过程性评价的 30% 和结果性评价的 70% 加成,得出该生的学期总评分。在班级中选取总分前五名,评选为"网球小王子"。

(课程开发者:杨杰南)

第六节　草原上的 golf 绅士

球杆挥舞,英姿飒爽;小球飞萤,目若朗星。我们如何用一转身、一挥杆的动作,培养孩子绅士的优雅?

本课程适用对象:中年段

一、课程背景

高尔夫球运动是一种以棒击球入穴的球类运动。"高尔夫"是 GOLF 的音译,由 Green、Oxygen、Light、Friendship 四个英文词汇的首字母缩写构成,分别代表绿色、氧气、阳光、友谊。它是一种把享受大自然乐趣、体育锻炼和游戏集于一身的运动。如今,现代高尔夫球运动已经成为贵族运动的代名词。

从这项优雅、健康的绅士运动中,学生不但可以学习如何打球,还可以学到做人的道理。从小了解、掌握高尔夫球技能知识,可以培养优雅的举止、气质及良好的身体与心理素质,让孩子们在激烈的社会竞争中更加健康地成长。

本课程的理念是:一杆在手,快乐常有。本课程让孩子们从简单动作轻松入门,在体验快乐学习的同时,以球会友,让孩子们与小伙伴共同成长,在下场实践中真实体验高尔夫 18 洞的乐趣。

二、课程目标

1. 了解高尔夫球的基本知识与动作要领,提升独立思考能力和判断能力;
2. 体验高尔夫运动,锻炼强健的体魄,形成优雅的举止和稳重的气质。

三、课程内容

本课程以"快乐学习,以球会友"为主题,根据高尔夫球的表现形式划分为高

尔夫球运动的基本技术、高尔夫球热身操比赛、高尔夫球知识讲座、高尔夫球文化交流四大模块,具体为:

(一)高尔夫球运动的基本技术

以班级为单位,开展一系列的基本技术学习,包括握杆、站姿、上杆、击球、送杆等等。

(二)高尔夫球热身操比赛

以班级为单位,进行高尔夫球热身操学习,学期末组织高尔夫球热身操比赛。

(三)高尔夫球知识讲座

以班级或年级为单位,开展高尔夫球知识讲座,包括比赛规则、高尔夫技法、战术讲解与分析、高尔夫球礼仪知识问答等。

(四)高尔夫球文化交流

通过与各高尔夫球特色学校的高尔夫球比赛,让学生们体验高尔夫球运动的乐趣。并为学生提供一个良好的社交平台,使孩子们在交流学习中,培养高尚情操、优雅的举止和稳重的气质。

四、课程实施

本课程通过竞技比赛规则、多媒体课件、互联网等多种渠道获取教学资源。以每学年为一个教学周期,上学期 15 课时,下学期 15 课时,共 30 课时,每周一课时,每课时 60 分钟。课程实施场地包括足球场、多媒体课室等,实施的教学方法如下:

(一)竞赛法

通过班级高尔夫热身操比赛,建设良好的高尔夫球运动氛围,让学生熟悉高尔夫竞赛规则。激发学生们对高尔夫球的热爱,感受高尔夫球运动的激情。

（二）讲授法

讲述高尔夫球的文化背景、高尔夫球礼仪、高尔夫球基本技术、高尔夫球比赛规则,增进学生对高尔夫球运动的了解,使学生理解到高尔夫球运动的意义。

（三）交流法

高尔夫球比赛是高尔夫球交流的重要形式,通过比赛交流,激起学生对运动的兴趣。除此之外,定期邀请专家到校园向学生普及知识,与学生开展交流互动,让学生对高尔夫球这项运动有更全面的认知。

五、课程评价

本课程评价主要有积分制评价和评选性评价。积分制评价指向学生的礼仪习惯,评选性评价重在考量学生对高尔夫球技术和知识的掌握情况。

（一）积分制评价

积分制评价以高尔夫球的各项礼仪为评价参考,设计各项行为的标准分数,累积分数得到最终评分。评选每月的"礼仪标兵",激励学生养成良好的礼仪习惯。具体的评价量表如下:

积分制评价量表

加分项 ＼ 姓名				
注意着装（＋1）				
师生问好（＋1）				
生生问好（＋1）				
比赛不发出噪音（＋1）				
尊重对手（＋3）				
有安全意识（＋4）				

（二）评选性评价

评选性评价以教师评、生生互评的方式,综合礼仪、技术、举止、情操、气质各方面的表现,投票评选出"球场上的绅士",以奖励在此课程中各方面表现优异的学生,并颁发证书。

（课程开发者：黄奕贸）

第七节　足球文化节之始于足下

蹴鞠场边万人看,秋千旗下一春忙。如何让孩子借助足球感受团结与拼搏,借助足球走进世界文化的大门?

本课程适用对象：低年段

一、课程背景

校园足球文化是指在学校这一特定范围内,师生在足球活动过程中形成和发展出来的物质财富和精神财富。近年来,校园足球在全国各地蓬勃发展：2008 年11 月,我国青少年校园足球发展计划正式启动;2009 年 4 月 14 日,国家体育总局和教育部联合下发了《关于开展全国青少年校园足球活动的通知》;同年,时任国务委员刘延东强调：要坚持体教结合,大力推进全民健身和"全国亿万学生阳光体育运动",大力发展校园足球,培养更多的专兼职教练员,办好小学、初中、高中、大学四级足球联赛,夯实足球发展的社会基础。习近平总书记近年来在不同场合常常说到中国足球,他说有三个愿望："第一,中国足球能世界杯出线,第二,中国能举办世界杯,第三,中国获得世界杯冠军。"他的三个愿望,给中国足球的近期目标、中期目标、远期目标指明了方向。

校园足球在这样的社会背景下应运而生。中国足球的发展,离不开校园足球的教育。校园足球文化起着教育和传承的作用,是校园文化的重要组成部分。校园足球不仅拓宽孩子们的知识面,提高他们的身体素质,还给予他们道德的启迪,让他们在训练中收获团结、进取、奋发等精神品质,使教育的形式变得更加丰富。因此,塑造健康、完善、科学、系统的校园足球文化,便显得尤为重要。

新港小学自 2010 年以来已举办了七届足球文化节,足球运动有着广泛的群众基础。**我们的理念是:阳光足球,欢乐童年。**举办足球文化节为学生认识足球运动提供了一个平台,有利于学生对足球运动有更加体系化的认识。此外,在学生运动技能培养的过程中也能够进一步发展各方面的素质,从而达到全面发展的目的。

二、课程目标

1. 初步了解校园足球比赛规则和基本的足球知识;
2. 培养团队精神、合作意识以及全局观念;
3. 体验校园足球运动带来的乐趣,让足球运动成为生活的一部分。

三、课程内容

本课程以"欢乐足球节,我们来参与"为主题,根据足球文化节内容的表现形式将足球文化节分为班级足球联赛、足球趣味游戏、足球知识讲座、足球小徽章设计、足球比赛观后感、足球赛场摄影展、足球文化交流七个模块,具体为:

(一)班级足球联赛

以班级为单位,以年级为组别,以学期为周期,男、女全员参与。

(二)足球趣味游戏

主要以足球为载体,以班级为单位,开展一系列的竞赛游戏。如绕杆接力、绕杆射门、颠球、小球门射门等。

(三)足球知识讲座

以班级或年级为主开展足球基本知识讲座,包括比赛规则,足球技、战术讲解与分析,足球知识问答。

(四)足球小徽章设计

通过美术组组织足球小徽章设计大赛,并颁发设计奖品。

(五)足球比赛观后感

通过语文组组织全体学生记录本班足球比赛过程和感受的小作文比赛,优秀作文将在校园展览,并颁发奖状。

(六)足球赛场摄影展

全体师生参与对赛场风采的拍摄记录,优秀作品在学校展览并颁发奖品。

(七)足球文化交流

除了参加区级、市级的足球比赛以外,我们还会带领校队去西安、香港、英国、挪威等城市和国家参加比赛,让学生在交流中长见识,长智慧。

四、课程实施

本课程通过竞技比赛规则、多媒体课件、互联网等多种渠道获取教学资源。以每学年为一个教学周期,上学期 15 课时、下学期 15 课时,共 30 课时,每周一课时,每课时 60 分钟。场地需要有足球场、多媒体教室等,实施的教学方法如下:

(一)竞赛法

通过班级足球联赛,建设良好的足球文化氛围,让学生熟悉足球竞赛规则、裁判规则。激发学生们对足球比赛的热爱,感受足球文化的激情。

(二)游戏法

设计各种趣味小游戏,引导学生积极参与游戏,体验足球游戏的趣味性、集体性。感受足球所带来的快乐,释放学生天真、爱玩的天性。

（三）讲授法

讲述足球历史文化,各年份世界杯经典赛事,并且介绍部分足球明星等相关足球知识。加深学生对足球文化的理解,从中认识到足球文化在世界各国带来的影响。

（四）交流法

定期的足球赛是足球文化交流的重要形式,除此之外,我校还请一些专家到校园向学生普及足球知识,与学生开展交流、互动,让学生对足球这项运动有更全面的认知。

五、课程评价

本课程主要采用通过每学期的比赛累积分数的积分制评价,根据每月的比赛情况进行各班评比的赛事性评价,以每周最佳表现为主的个人优秀作品展示的展示性评价,尽可能地鼓励学生参与其中,并且给予学生一定的肯定与赞赏。具体的评价方法如下:

（一）积分制评价

经过一个学期的足球循环比赛,记录比赛情况,累积积分,通过积分的高低排列顺序评出名次,接着依照名次颁发奖杯,积分表格如下:

班级	胜	平	负	积分	名次

（二）赛事性评价

对小球员每月进球的数量,助攻的次数进行统计,评选出"月最佳射手奖"、"月最佳助攻奖",统计表格如下:

	姓名	进球数	助攻数
总计			

(三) 展示性评价

通过班级同学之间推荐以及老师建议综合评选出每周优秀摄影作品、优秀观后感等在黑板报上展示。

（课程开发者：郑志明）

第八节　扬帆起航

暴雨，狂风，闪电，成长路上免不了艰险阻碍。如何让今日少年扬帆起航，成长为"文武双全"的勇士呢？

本课程适用对象：帆船社团

一、课程背景

广东的发展离不开海洋。广东是中国的海洋大省，拥有国内最长海岸线，最美、最蓝、最清澈的南中国海，省内同时还有美丽的珠江水系，东江、西江流域还有众多的美丽湖泊。广州是古代海上丝绸之路的起点，作为中国历史上最早的海上通商口岸，有着深厚的航海活动历史渊源。

帆船运动，既是一项运动技能，更是一种健康、环保、和谐、优雅、文明的生活方式。它脱胎于古代的商业航海技术，在世界所有拥有海洋、湖泊的国家和地区广为普及，现在已经演变为全世界海洋文化的主体活动。采用最古老的技能、最先进的现代科技材料和设计，利用大自然最纯净的风力洋流动力，让普通的民众很快就能领略自然界的无穷力量——这就是现代的帆船航海运动。颇为遗憾的事实是,广州还不能让广大市民亲密接触帆船航海运动。

而 OP 级帆船是改善广东帆船运动发展的良好媒介。OP 级帆船是帆船运动项目中唯一的少年帆船项目,参与者年龄在 15 周岁以下。国际 OP 级帆船参与者从 5 岁就下水,各国除了把这一项目视为重要的少年运动项目外,更发挥它为成人帆船比赛输送后备力量的作用,同时 OP 级帆船也是很多人一生航海爱好的起点。世界上许多帆船运动名将,都曾有过多年 OP 级帆船运动的海上竞技经验,如国际奥委会主席罗格。

在中国逐步强大、快速发展的新世纪,保护海洋权益、发展海洋经济等问题成为迫切需要。我们期待着更多的新一代中国人熟悉、接近大海,OP 级帆船航海运动就是最直接、最简洁有效、最持久的培养祖国未来花朵接近海洋的渠道。

在 OP 级帆船航海运动中,青少年获得的体验、经验、技能和心理素养非常丰富,这对于他们建立健全的人格、锻炼强壮的体魄、培养独立自主的精神、获得机智灵活地处理问题的能力等等,都大有裨益。经历 OP 级帆船航海的锻炼,我们的下一代将是富于智慧、勇于创新、善于合作、恒心恒力的高素质的一代。青少年 OP 帆船航海素质教育,给孩子们创造一段自己独立生活的时间,培养他们的自理能力,帮助他们养成良好的生活习惯。

本课程理念:乘风破浪,扬帆起航。通过学习 OP 级帆船课程,掌握帆船知识和驾驶技术,独立驾驶帆船,可以激发孩子的智慧和勇气,更可以学会独立,养成勇于挑战自我、克服困难的品质,争取胜利,成就大航海家的梦想!

二、课程目标

1. 接触海洋、熟悉海洋,了解帆船运动与帆船知识,体验帆船运动的乐趣;

2. 与港澳帆船青少年运动员进行交流,参加全国青少年帆船俱乐部联赛(广州站),获得更多、更高水平的交流、学习的机会;

3. 激发智慧和勇气,学会独立,养成勇于挑战自我、克服困难的品质。

三、课程内容

本课程主要内容是"帆船体验之旅",主要分为以下三个板块:

(一)知识普及

在新港小学大教室内进行帆船项目介绍和航海知识普及,使学生对航海运动有进一步的认识。

(二)航海体验

选择气象温和、风力轻柔、海况舒适的时间,利用休闲帆船,采用一带一的方式,为学生提供为期两天的帆船航海体验之旅。在体验过程中,向学生普及基本的航海知识。

(三)航海交流

与国际著名帆船运动员、船长见面交流;参观国际著名帆船游艇会、游艇展,从交流、参观学习中获得别样的帆船体验。

四、课程实施

本课程的实施以体验学习为主,课程实施以两个周末为一个小周期,一个季度为一个中周期,一年为一个大周期。

1. 在每一个小周期中,开展 OP 帆船航海体验活动,聘请两位合格的 OP 帆船航海教练对孩子进行培训;

2. 在每一个中周期中,举办 OP 帆船航海夏令营或冬令营,培训青少年帆船手。组织学员参加固定的航海培训,定期参观博物馆、海军基地进行航海文化交流,组织参与青少年帆船竞赛活动,让孩子在多样的学习交流中,获得帆船学习的多层次、多样化体验,生发出对 OP 帆船航海课程深层次的喜欢;

3. 在每一个大周期中,依托广东省青少年体育联合会青少年 OP 帆船基地的平台,定期举办 OP 帆船周末训练营,以基地为平台策划创立一个粤港澳 OP 青少年帆船比赛,争取获得当地政府的支持,把该项比赛作为广东省青少年体育联合会青少年素质教育的示范项目。

鉴于水上运动的危险性,课程实施中严守安全底线,采用严格的管理手段:

(一) 人员管理

所有参加的学生都需先行进行水上求生训练、游泳训练和紧急救助训练(1 天红十字会急救课程和多次练习),同时进行体检以及配备救生衣和其他救助设备。另外,给参加的学生都购买人身保险。培训中学生/教练比例不超过 6∶1。

(二) 设备管理

在学生进行训练时,配备足够的救生艇和水上救生员,学生/救生员比例不超过 6∶1。所有训练设备必须经国家认可,符合国际标准,并在每次下水前检查完备。

(三) 学员、监护人管理

保证在所有学生下水前有教练和安全员在场负责,并全程保护。

五、课程评价

本课程评价采用学生自评与教师评价相结合的方式,让主观评价与客观评价相结合,使学生更全面地了解自己。通过参照对比和自我反思,及时进行自我调整,让评价真正促进学生的成长。

(一) 学生自评

通过设计评价量表,让学生从锻炼意识、理论知识、技术掌握等方面对自己进行评价,反思自己的学习过程。

学生自我评价量表

评价项目	总是(5分)	偶尔(3分)	从不(1分)
我能积极参加体育锻炼,增强体魄			
我会主动了解帆船运动的有关知识			
教练讲的知识点,我认真倾听并努力理解			
我积极尝试教练讲的技术动作			
我喜欢参与帆船交流活动			
我渴望自己的帆船技术进一步提升			
我希望继续参与帆船课程训练			

(二)教师评价

以知识、技能掌握,比赛经验,身体素质为评价点,对个人进行考核。(每项满分5分,教师根据实际情况打分)

考核项目	身体素质	海洋知识	气象知识	帆船知识	技术掌握	比赛经验
得分						

(课程开发者：杨杰南)

后 记

拾级而上，百步不止

长廊萦绕,鱼戏莲叶,流水淙淙,蛙鸣阵阵。在新港小学的六年里,孩子们以梦为梯,拾级而上。登过百步梯,走过沧浪亭,穿过桃李园,跨过状元桥,游过百草园……校园里,既可以随处找到竹外桃花、小桥流水的诗意,也可以随时感受追蝶戏鱼、蛙鸣蜂飞的童趣。亭台楼阁,轩榭廊舫,学校文化植根于校园的每一寸土地,美丽校园成为丰富学习经历的场所;百步梯课程的建设,由此成为走向宽广世界的起点。

"拾级而上"出自《礼记》,原文是"拾级聚足,速步以上",意为逐步攀登。拾级而上,是志存高远的人生取向;拾级而上,是脚踏实地的人生态度;拾级而上,是循序渐进的科学方法。在"日新教育"哲学思想的引领下,新港小学以百步梯课程体系整体架构为主线,从"百步欣言"、"百步传文"、"百步启智"、"百步致知"、"百步达美"、"百步健体"六大领域,整合不同年段的课程,架起无数的"百步之梯",进行深入的课程改革,为孩子推开一个个新世界的大门,燃起探索世界的意趣。

在新港小学,"拾级而上",更是学习者的"勤勉不怠",是实践者的"坚定不苟",是求真者的"孜孜不倦",是追梦者的"久久为功"……《学校课程文化的实践脉络:百步梯课程的逻辑与架构》本书犹如一串串脚印,记录着我们推进"日新教育"的路途。在课程体系的整体架构下,新小教师从参与课程开发,撰写课程纲要,乃至进行课程实施,拾级而上,开始了一段艰辛而愉悦的跋涉与探索。全书一共六个章节,每位执笔教师均为该课程的开发者和实施者,作为第一阶段的成果,限于篇幅,六个课程领域下分别选取了五至八个子课程纲要入书。

未来,我们仍将"百步不止",在"日新教育"的文化浸润中逐日行远。在这里,再次向参与课程开发和实施的老师致敬。特别要感谢上海市教育科学研究院杨四耕教授的专业引领,大至整体规划的架构,小至每一门课程的具体实施,杨教授一路陪伴,一路鼓励,字字珠玑,谆谆引导,每一次都带给我们新的启发与思考。

同时,这本书还凝聚着温丽珍、程雄芳、梁翀华、陈纯娜、田浩辉、黄宇洋、王樱璇、郭泽婉、周阳等一众编委的心血。

置身"百步梯课程"中的孩子们犹如一株欣欣幼苗,"百个世界"里百般体验,或和熙温暖抚之,或猛烈灿烂灼之,或和风细雨润之,或狂风暴雨灌之。我们欣喜地发现,在这旭日的照耀和风雨的洗礼中,孩子们攀着这"百步之梯"拾级而上,经历不同的世界、体验不同的旅途,其间所收获的思维与探索、能力与视野,更是让孩子们笑语盈盈,百步不止。

学校课程深度变革丛书

进入学科深处的六个秘密	978 - 7 - 5675 - 5810 - 6	28.00	2016 年 12 月
新美课程:演绎生命之诗	978 - 7 - 5675 - 7552 - 3	48.00	2018 年 5 月
跨界学习:学校课程变革的新取向	978 - 7 - 5675 - 7612 - 4	34.00	2018 年 6 月
以学习为中心的课程实施	978 - 7 - 5675 - 7817 - 3	48.00	2018 年 8 月
聚焦学习的课程评估:L - ADDER 课程评估工具与应用	978 - 7 - 5675 - 7919 - 4	40.00	2018 年 11 月
学科核心素养与学科课程群	978 - 7 - 5675 - 8339 - 9	48.00	2019 年 1 月
大风车课程:童趣与想象	978 - 7 - 5675 - 8674 - 1	38.00	2019 年 3 月
蒲公英课程：综合实践活动课程的校本创意与深度	978 - 7 - 5675 - 8673 - 4	52.00	2019 年 3 月
MY 课程:叩响儿童心灵	978 - 7 - 5675 - 7974 - 3	39.00	2018 年 10 月
课程实施的 10 种模式	978 - 7 - 5675 - 8328 - 3	45.00	2019 年 1 月
聚焦式课程变革:制度设计与深度推进	978 - 7 - 5675 - 8846 - 2	36.00	2019 年 4 月
以素养为核心的学科课程图谱	978 - 7 - 5675 - 9041 - 0	58.00	2019 年 4 月
全经验课程:在地文化与实践演绎	978 - 7 - 5675 - 8957 - 5	54.00	2019 年 6 月

课堂教学转型丛书

上一堂灵魂渗着香的课	978 - 7 - 5675 - 3675 - 3	36.00	2015 年 8 月
把课堂打造成梦的样子	978 - 7 - 5675 - 3645 - 6	26.00	2015 年 8 月
整个世界都是教室	978 - 7 - 5675 - 5007 - 0	22.00	2016 年 6 月
寻找课堂教学的文化基因	978 - 7 - 5675 - 5005 - 6	22.00	2016 年 5 月
课堂是一种态度	978 - 7 - 5675 - 3871 - 9	28.00	2015 年 10 月
给孩子最美好的东西	978 - 7 - 5675 - 4200 - 6	30.00	2015 年 11 月

把每一个孩子深深吸引　　　　　　978 - 7 - 5675 - 4150 - 4 24.00　2016 年 1 月

每一间教室都有梦　　　　　　　　978 - 7 - 5675 - 4029 - 3 30.00　2015 年 10 月

课堂,可以春暖花开　　　　　　　978 - 7 - 5675 - 3676 - 0 24.00　2015 年 10 月

课堂,与美相遇的地方　　　　　　978 - 7 - 5675 - 5836 - 6 24.00　2017 年 1 月

赴一场思想的盛宴　　　　　　　　978 - 7 - 5675 - 5838 - 0 28.00　2017 年 1 月

突破平面学习:神奇的"南苑学习单"978 - 7 - 5675 - 5825 - 0 29.00　2017 年 1 月

让学习看得见:"226"教改实验研究　978 - 7 - 5675 - 6214 - 1 32.00　2017 年 4 月

每一种意见都很重要:"责任课堂"的维度与操作

　　　　　　　　　　　　　　　978 - 7 - 5675 - 6216 - 5 30.00　2017 年 4 月

品质课程丛书

活跃的课程图景　　　　　　　　　978 - 7 - 5675 - 6941 - 6 42.00　2017 年 11 月

课程情愫:学校课程发展的另类维度978 - 7 - 5675 - 7014 - 6 42.00　2017 年 11 月

突破大杂烩:有逻辑的学校课程变革978 - 7 - 5675 - 6998 - 0 52.00　2017 年 11 月

课程群:学习的深度聚焦　　　　　978 - 7 - 5675 - 6981 - 2 45.00　2017 年 11 月

嵌入式课程:特色课程的路径和方略978 - 7 - 5675 - 6947 - 8 42.00　2017 年 11 月

课堂教学新样态

一百个孩子,一百个世界:基于差异的教学变革

　　　　　　　　　　　　　　　978 - 7 - 5675 - 6810 - 5 32.00　2017 年 10 月

让课堂洋溢生命感:L－O－V－E教学法的精彩演绎

　　　　　　　　　　　　　　　978 - 7 - 5675 - 6977 - 5 32.00　2017 年 11 月

课堂如诗:"雅美课堂"的姿态　　　978 - 7 - 5675 - 7219 - 5 36.00　2018 年 3 月

近处无教育　　　　　　　　　　　978 - 7 - 5675 - 7536 - 3 32.00　2018 年 3 月

课堂,与美最近的距离　　　　　　978 - 7 - 5675 - 7486 - 1 32.00　2018 年 4 月

课堂,涵养生命的园圃　　　　　　978 - 7 - 5675 - 7535 - 6 36.00　2018 年 6 月

协同教学:意蕴与智慧　　　　　　978 - 7 - 5675 - 8163 - 0 42.00　2018 年 9 月

课堂不是一个盒子　　　　　　　　978 - 7 - 5675 - 8004 - 6 38.00　2019 年 1 月

在教室里眺望世界:基于 BYOD 的教学方式变革

　　　　　　　　　　　　　　　978 - 7 - 5675 - 8247 - 7 48.00　2019 年 3 月

特色学校聚焦丛书

每一个孩子都是一棵树　　　　　　978 - 7 - 5675 - 6978 - 2 28.00　2018 年 1 月

教育不是一个人的事:"众教育"36 条 978 - 7 - 5675 - 7649 - 0 32.00　2018 年 8 月

不一样的生命,一样的精彩　　　　978 - 7 - 5675 - 8675 - 8 34.00　2019 年 3 月

童味正醇：特色学校的文化图谱　　978 - 7 - 5675 - 8944 - 5 39.00　2019 年 8 月

特色普通高中课程建设探索　　　　978 - 7 - 5675 - 9574 - 3 34.00　2019 年 10 月